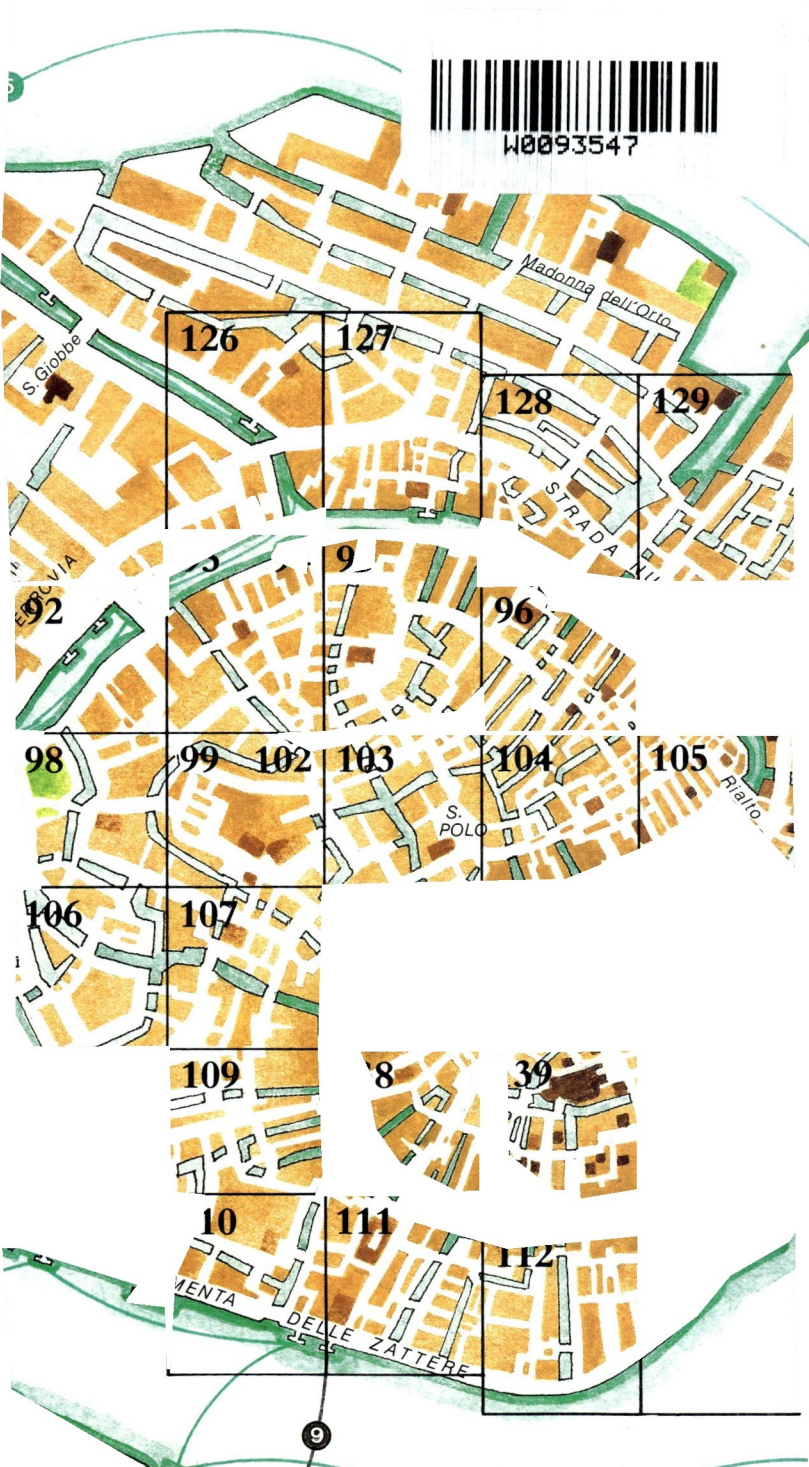

JOHN KENT
VENEDIG

Aus dem Englischen
von Maria Paukert

DROEMER KNAUR

*Für Nina,
die für Florenz schwärmt,*

*und mit besonderem Dank an
Michael Stephenson*

© Copyright für die deutschsprachige Ausgabe
bei Droemersche Verlagsanstalt Th. Knaur Nachf.,
München 1988.
Titel der englischen Originalausgabe
»John Kent's Venice«
Copyright © John Kent, 1988
Das Werk einschließlich aller seiner Teile ist urheberrechtlich geschützt.
Jede Verwertung außerhalb der engen Grenzen des Urheberrechtsgesetzes
ist ohne Zustimmung des Verlags unzulässig und strafbar. Das gilt insbesondere für Vervielfältigungen, Übersetzungen, Mikroverfilmungen, und
die Einspeicherung und Verarbeitung in elektronischen Systemen.
Satzarbeiten: Compusatz GmbH, München
Printed in Italy
3-426-26396-3

6	Aus der Geschichte	91	Atlas (links v. Kanal)
8	Venezianische Küche	100	Frari
9	Venezianischer Wein	114	Accademia
10	Architektur	126	Atlas (rechts v. Kanal)
11	Musik	152	SS. Zanipolo
12	Die Verfassung	154	Die Lagune
13	Der Karneval	166	Lido-Hotels
14	Die Gondel	174	Restaurants
15	Der Canale Grande	180	Veranstaltungen
70	Piazza di S. Marco	184	Notfälle
74	Basilica di S. Marco	186	Bibliographie
82	Palazzo Ducale	187	Register

Anmerkung: Die Öffnungszeiten von Museen und Kunstgalerien können von den angegebenen Zeiten abweichen. Manche Galerien können kurzzeitig wegen Renovierung geschlossen sein.

AUS DER GESCHICHTE

Die Geschichte Venedigs beginnt im 5. und 6. Jahrhundert, als Flüchtlinge auf den Inseln der Lagune Zuflucht vor den einfallenden Barbaren suchten. Die ersten Siedlungen befanden sich auf der Insel Torcello und in Malamocco auf der Insel Lido. Hier wurde 726 der erste Doge *(Duca)* gewählt, eine Art Unabhängigkeitserklärung an Byzanz. Als Pippin, der Sohn Karls des Großen, 810 versuchte, die Lagune zu besetzen, kam es zum folgenträchtigen Rückzug der Bewohner an den Platz, wo heute Venedig liegt. Zwanzig Jahre später, als die Gebeine des Apostels Markus aus Alexandria nach Venedig überführt wurden, erhielt die Stadt nach Rom den berühmtesten Schutzpatron. Er und sein Wappentier, der Löwe, wurden mit offenen Armen als Symbole der Stadt und ihrer Unabhängigkeit aufgenommen.

Die Lagune schützte Venedig fast ein Jahrtausend lang vor fremden Eindringlingen. Und die Verfassung, die die Macht des Dogen einschränkte, bewahrte die Stadt vor inneren Konflikten.

So blieb Venedig von Bürgerkriegen und Tyrannenherrschaft, unter denen andere italienische Städte zu leiden hatten, verschont. Die Bürger der Serenissima konnten ihre ganze Kraft dem Handel widmen. Die Geschäfte mit der Levante begannen zu florieren. Die Venezianer waren dabei so erfolgreich, daß der byzantinische Kaiser Manuel Komnenus 1171 für sein Reich anordnete, alle Bürger dieser Stadt einzusperren, da sie seine Wirtschaft praktisch kontrollierten. Dieser Akt führte zum unglücklichen vierten Kreuzzug. Dabei nahmen die Venezianer Rache, indem sie 1204 Truppen vom Heiligen Land abzogen und Konstantinopel plünderten. Die venezianischen Handelsniederlassungen waren zu einem kleinen Imperium geworden, und die Stadt, die auf dem Gipfel ihrer Macht stand, kontrollierte während der nächsten drei Jahrhunderte den gesamten Handel der westlichen Welt mit Luxusgütern und Gewürzen. Dennoch hatte im Jahre 1508, als sich der Rest dieser westlichen Welt voll Wut und Neid gegen Venedig wandte (und an der Lagune scheiterte), der Verfall bereits begonnen. Konstantinopel befand sich in der Hand der Türken, die Portugiesen hatten einen Seeweg nach Indien gefunden, der am Rialto vorbeilief, und die Spanier hatten Amerika entdeckt. Venedigs Existenzgrundlage schwand langsam dahin.

Während die militärische Macht infolge sinkender Einkünfte zurückging, nahmen die Sehenswürdigkeiten als Beweis für einstige Größe und Macht an Bedeutung zu. Im 18. Jahrhundert war Venedig ein wunderschönes Trugbild geworden, und Napoleon erkannte dies. »Ich werde der Attila des Staates Venedig sein«, erklärte er. Und am 12. Mai 1797 machte er diese Worte wahr.

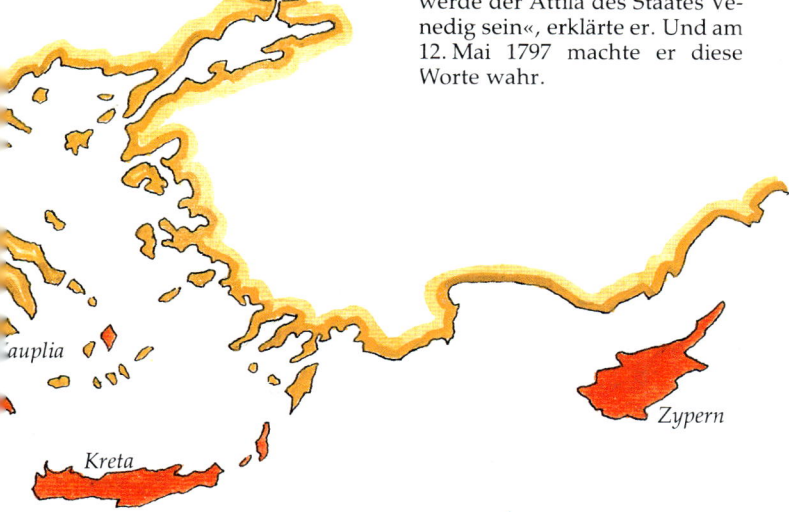

»Die Venezianer verstehen nichts von Essen und Trinken«, erklärte Pietro Aretino im 16. Jahrhundert. Ihre Häuser wiesen nicht einmal ein eigenes Eßzimmer auf. Obwohl sie mit seltenen Gewürzen, Salz, Pfeffer und Zucker handelten, waren ihre Speisen stets einfach. Und so sind sie bis heute geblieben.

In der Regel wird eine Küche von den Zutaten geprägt, die zur Verfügung stehen. So wanderten hauptsächlich die Fische aus der Lagune und der Reis von den großen Feldern der Poebene in die Kochtöpfe der Venezianer.

Risotto con Scampi

Risotto mit Scampi ist ein Klassiker der venezianischen Küche. Ihr berühmtestes Reisgericht heißt jedoch

Risi e bisi

Für diese Frühlingsdelikatesse werden Reis und junge Erbsen mit gehackter Zwiebel, Schinkenspeck und Butter in einer Hühnerbrühe zu einer Suppe verkocht, die man mit der Gabel ißt. Dieses praktische Instrument führte 1005 eine byzantinische Prinzessin den ganz und gar nicht begeisterten Venezianern vor. Nach der Tradition wurde Risi e bisi als erster Gang am 25. April, dem Markustag, im Dogenpalast serviert. Heute kann man es allerdings den ganzen Sommer hindurch bekommen.

Fegato alla veneziana

Hauchdünne Kalbsleberscheiben werden mit Zwiebelringen nicht ganz eine Minute gebraten und sofort serviert. Dazu reicht man gewöhnlich

Polenta

Ein leckeres Brot, das aus gelbem oder weißem Maismehl gemacht wird.

Carpaccio

Hauchdünn aufgeschnittenes Rinderfilet wird mit frischer Mayonnaise und fein geriebenem Parmesan angerichtet. Viele Köche ersetzen Mayonnaise auch durch Olivenöl und Zitronensaft.

I dolci (Süßigkeiten)

Die Venezianer brachten den Rohrzucker nach Europa und perfektionierten 1471 das Raffinieren.

Aranci caramellizzati

Karamel-Orangen sind eine Spezialität der Taverna Fenice.

Kaffee

Auch der Kaffee gelangte über Venedig nach Europa. 1683 eröffnete auf der Piazza das erste Café.

Nachdem man bei Weinen aus Venetien den Namen auf dem Flaschenetikett gelesen hat, sollte man nach dem Namen des Produzenten sehen. Die Provinz teilt sich zwar in 3 DOC-Zonen (*Denominazione di Origine Controllata* = kontrollierte Herkunftsbezeichnung). Dies ist jedoch eine rein geographische Gliederung, die nichts über Qualität aussagt. Auf den meisten Weinkarten wird man die folgenden Weine finden:

DOC Veneto

Soave

Italiens berühmtester herber Weißwein besteht aus 80% Garanega- und 20% Trebbiano-Trauben. 10–11°
Der Classico gedeiht in der Nähe der Mauern von Soave. 11½°

Bianco di Custoza

Wird aus verschiedenen Traubensorten gekeltert, die westlich von Verona wachsen.

Breganze Pinot Bianco

Eine Mischung aus Pinot Bianco und Pinot Grigio. 11–12°

Bardolino

Ein strahlender leichter Rotwein aus vier Traubensorten (Corvina, Molinara, Negara und Rondinella) von den Ufern des Gardasees.

Valpolicella

Der bekannteste Rotwein der Region aus Corvina-, Veronese-, Rondinella- und Molinara-Trauben.

Produzenten

Bertani	*Bolla*
Lenotti	*Fratelli Tedeschi*
Masi	*Maculan*
Pieropan	*Tommasi*

DOC Friuli-Venezia Giulia

Cabernet

Ein üppiger Rotwein aus Cabernet Franc- und Sauvignon-Trauben. Am besten nach drei Jahren Lagerzeit. 13°

Tocai

Ein trockener Weißwein, der nichts mit dem ungarischen Tokayer zu tun hat.

Produzenten

Enofriulia	*Bandut*
Angoris	*Livia Felluga*
Bandut	*Rubini*
Valle	*Jermann*

DOC Trentino-Alto Adige

Chardonnay

Vielleicht der beste italienische Chardonnay. 12°

Merlot

Die Merlot-Traube liefert einen vollmundigen Rotwein. 12–13°

Cabernet

Diese Sorte altert gut. 13°

Pinot Grigio

Ein guter Weißwein, oft perlend (»*frizzante*«).

Produzenten

Alois Lageder	*Novalini*
Bollini	*Anton Lindner*
Fratelli Pedrotti	*Cavit*
Laimburg	*Lagarriavini*

ARCHITETTURA

Die Venezianer hatten es nicht nötig, ihre Häuser zu befestigen. Aber sie mußten sie unbedingt vor Feuchtigkeit schützen. Vor mehr als 1000 Jahren schon hatte man gelernt, wie man ein Haus in der Lagune verankern konnte. Man trieb Eichenpfeiler, die aus den Wäldern Dalmatiens kamen, in den Lehmboden, wo sie im Salzwasser allmählich hart wie Stein wurden.

Darüber legte man horizontal Planken aus Walnußholz oder Mahagoni. Auf diese Plattform schichtete man Ziegel, so daß die Mauern die Wasseroberfläche erreichten. Dann wurde das Fundament mit drei Schichten wasserdichten Steins versiegelt, der aus Istrien stammte.

Die Fassade

Die frühen venezianischen Baumeister holten sich ihre Anregungen aus dem Osten. Der älteste erhaltene Baustil ist der byzantinische, wie wir ihn bei der Ca' Farsetti (S. 42) finden. Selbst die später entstandene Ca' d'Oro zeigt noch östlichen Einfluß. Die hier abgebildete Ca' Dario, ein Frührenaissance-Bau, ist im byzantinischen Stil mit Porphyrscheiben dekoriert. Ein Fremder, der Florentiner Jacopo Sansovino, brachte den neuromanischen Monumentalstil nach Venedig. Er betraf jedoch nur die Fassade. Hinter ihr blieb das Grundkonzept des venezianischen Hauses über fünf Jahrhunderte ziemlich unverändert.

Portego da Basso

Das an der Wasserseite gelegene Tor führte in eine Eingangshalle, die zum rückwärtigen Hof überleitete. Dieser war früher das Magazin mit an beiden Seiten eingebauten Vorratsräumen.

Piano Nobile

Die Haupthalle lag im ersten Stock und nahm ebenfalls die ganze Länge des Hauses ein. Große Fenster ließen das Licht in die Seitenräume fallen. Die charakteristischen Kamine mit ihren großen trichterförmigen Hauben sollten Funken aufhalten.

»Wenn ich nach einem Synonym für Musik suche«, sagte Nietzsche, »so fällt mir Venedig ein.« Besucher, die im 17. und 18. Jh. in die Lagunenstadt kamen, waren überwältigt von der Musik, die überall in der Luft zu liegen schien. So ist es auch nicht weiter verwunderlich, daß das erste Opernhaus der Welt 1637 in Venedig eröffnet wurde. Claudio Monteverdis »Orfeo«, die erste echte Oper, die 1607 in Mantua in privatem Kreis uraufgeführt worden war, soll hier gespielt worden sein.

Obwohl er als Kapellmeister von San Marco 1613 nach Venedig kam, dauerte es 22 Jahre, bis die Venezianer 1630 bei der Aufführung seiner »Proserpina Rapita« in der Ca' Dandolo (heute Hotel Danieli Excelsior) diese neue Kunstform kennenlernten. Nach weiteren sieben Jahren wurde die Oper zum allgemeinen Unterhaltungsspektakel. Die Familie Tron eröffnete das nach der Pfarrkirche benannte Teatro S. Cassiano, und die Venezianer konnten sich an diesem neuen Schauspiel kaum satt sehen. 200 Jahre lang gab es immer mindestens sieben Ensembles, deren Aufführungen jedoch völlig anders waren als heute. Es gab ziemlich wenig Handlung. Die Sänger, die riesige Gagen forderten, waren darauf aus, Arien vorzutragen, die eigentlich nichts mit dem Stück zu tun hatten, mit denen sie aber andernorts Beifall gefunden hatten. Alan Kendall berichtet, daß der Kastrat Luigi Marchese ungeachtet der Handlung stets von einem Hügel herabstieg, ausgerüstet mit einem federgeschmückten Helm und bewaffnet mit Schwert und Schild. Bevor er sich zu dem herabließ, was das Libretto vorschrieb, schmetterte er stets seine Lieblingsarie.

Antonio Vivaldi, Musiklehrer an einem Konservatorium für Waisenkinder, schrieb allein 44 Stücke. Aber er war auch als Geiger berühmt. So tat er für das Soloinstrument das, was Monteverdi für den Sologesang getan hatte. Er schrieb 450 Konzerte für Streich- und Blasinstrumente. Einige davon gefielen Johann Sebastian Bach so gut, daß er sie für Orgel bearbeitete. Am häufigsten wird heute noch sein Violinkonzert »Vier Jahreszeiten« gespielt.

Informationen über laufende Programme und Veranstaltungen findet man heute in »Un Ospite di Venezia« bzw. man erhält sie an der Hotelrezeption oder im Reisebüro.

Die Verfassung

Die Republik Venedig war die einzige in der Welt, die ihren obersten Vertreter durch das Los bestimmte. So hoffte man, nicht an einen Tyrannen zu geraten. Ursprünglich war der Doge von der gesamten Bevölkerung gewählt worden. War er einmal in Amt und Würden, besaß er uneingeschränkte Macht. Damit war jedoch niemand zufrieden. So wurde 1172 der Große Rat gebildet, der 1229 vom Dogen die Unterzeichnung der »Promissione« verlangte. Dies war eine Liste all der Dinge, die er nicht tun konnte. Damit er sie nicht vergaß, las man sie ihm einmal pro Jahr vor. Die Venezianer hatten beobachtet, daß die Tyrannen auf dem Festland oft Kriegshelden gewesen waren, die vom Volk an die Macht gehoben wurden. Um die venezianische Demokratie zu schützen, schaffte man 1297 das Wahlrecht ab. Und verdiente Krieger warf man ins Gefängnis, um so ihren möglichen Ehrgeiz zu dämpfen. So entwickelte sich eine Oligarchie weniger Familien, die 1315 dafür stimmten, keine neuen Mitglieder mehr in ihr »Goldenes Buch« aufzunehmen. Bei der Wahl des Dogen erhielten alle Mitglieder des Großen Rates, die älter als 30 Jahre waren, je eine Wahlkugel. Die 30 verlosten goldenen Kugeln wurden durch ein zweites Losverfahren auf neun reduziert. Die Inhaber dieser neun Kugeln schlugen dann 40 Namen vor, über die abgestimmt wurde. Nach der Wahl benötigte der Doge Rat und Zustimmung verschiedener einflußreicher Komitees. Das mächtigste, zu dessen Mitgliedern er selbst gehörte, hieß einfach »Die Zehn«. Diese zehn Männer konnten den Tod eines jeden verlangen, ja sogar den Dogen verurteilen, wie der Doge Martin Falier 1355 erfahren mußte. Nach diesem kleinen »Zwischenfall« hielt sich dann das »La Serenissima« genannte System insgesamt 440 friedliche Jahre lang.

Der Karneval

„Alle Welt reist nach Venedig, um den ausgelassenen, verrückten Karneval zu erleben", berichtete John Evelyn in den vierziger Jahren des 17. Jahrhunderts. Das Wort leitet sich ab vom lateinischen »carnem levare«, was soviel bedeutet wie »Fleisch zurücklassen, Fleisch aufgeben«. Die Feiern anläßlich des Abschieds vom Fleisch auf dem Speisezettel, also des Beginns der Fastenzeit, begannen in Venedig zu Stephani, am 26. Dezember. Es wurde beschlossen, daß von diesem Tag bis zum »Martedi Grasso« (Faschingsdienstag, Fetter Dienstag) jegliche Verkleidung zulässig war.

Trotzdem konnte das typische venezianische Kostüm von Männern und Frauen gleichermaßen an Festtagen und vom 5. Oktober bis zum 16. Dezember getragen werden – allerdings nur nachmittags. Diese »Baùtta« besteht aus einem schwarzen Dreispitz *(tricorne)*, einem Cape und einer schwarzen oder weißen Maske *(larva)*.

So kam es, daß die Lagunenstadt für volle fünf Monate im Jahr nur mit Feiern beschäftigt schien und damit etwa 30 000 Fremde anzog. Das war natürlich auch ein ausgezeichnetes Geschäft. Auf dem Höhepunkt der Feierlichkeiten wurden Stiere durch die Straßen getrieben, gab es Musik, Tanz und Feuerwerk. Es war auch die Zeit der Oper und des Glücksspiels. Männer trugen Frauenkleider. Mit süßem Wasser gefüllte Eier wurden geworfen, und Addison bemerkte 1702, daß die Kostüme zahllose galante Abenteuer begünstigten. Wenn die Glocken von San Marco am Aschermittwoch zum Empfang der Asche riefen, hatte der Zauber ein Ende. Napoleon schaffte den Karneval ebenso ab wie viele andere venezianische Sitten und Bräuche. Erst in den siebziger Jahren unseres Jahrhunderts wurde er vom Oberbürgermeister der Stadt wiederbelebt. Das bunte Treiben dauert heute allerdings nur noch zwei Wochen.

La baùtta

La moretta

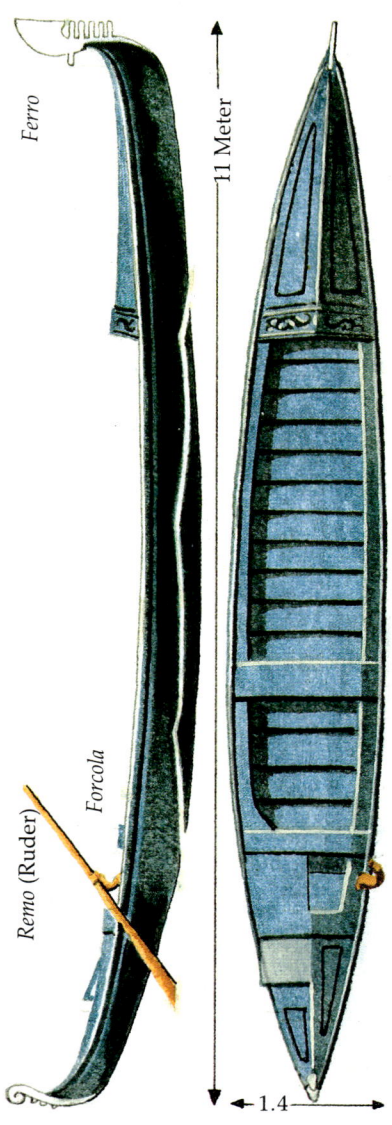

Die Gondel

Die Stunde des Gondoliere dauert – wie die des Psychoanalytikers – nur 50 Minuten. Die Preise werden von der Stadt festgesetzt, sollten aber vor dem Beginn der Fahrt nochmals ausgehandelt werden. Ursprünglich waren die Gondeln der Stadt bunt bemalt, wie man es heute noch bei Regatten sehen kann. 1562 gerieten die farbenfrohen Gefährte jedoch mit dem Gesetz gegen Protzerei in Konflikt, und man beschloß, daß alle 10 000 Gondeln von nun an schwarz sein sollten. Dieser Erlaß scheint auch dem gerade aufkommenden Wunsch nach Anonymität und der Freude am Tragen von Masken entsprochen zu haben. Denn unter diesen Gesichtspunkten erwiesen sich die einheitlich schwarzen Schiffe mit ihren schwarzen Schutzdächern, unter denen sich die Passagiere verstecken konnten, als überaus geeignet für Fahrten, von denen nicht jeder wissen sollte. Die Fahrzeuge, die wir von den Gemälden Canalettos und Guardis kennen, waren im Vergleich zu den modernen Gondeln ziemlich grobschlächtig. Ihre ausgeklügelte »verrutschte Symmetrie« wurde schließlich in den neunziger Jahren des 19. Jahrhunderts von dem genialen Domenico Tramontin perfektioniert, gerade, als die ersten »Vaporetti« andampften und die meisten Gondolieri brotlos machten.

Linie ① Accelerato

Am besten sieht man sich den Canal Grande von einem der *Vaporetti* aus an. Diese kleinen »Dampfschiffe« fahren heute allerdings samt und sonders mit Diesel. Für eine Rundfahrt benutzt man die Linie 1, die bis zum Lido an jeder Station hält.

Linie ② Diretto Motoscafo

Das wendigere »Diretto« hält seltener an und ist das schnellste Verkehrsmittel zwischen Hauptbahnhof, Rialto und San Marco. Schnelligkeit ist allerdings auch etwas teurer, und die Boote fahren möglicherweise eine Abkürzung durch den weniger pittoresken Rio Nuovo.

Taxi

Immer zu haben und stets teuer. Zu erreichen über die Telefonnummern 5 23 23 26 oder 5 22 23 03. Am Flughafen, bei San Marco, am Rialto, Hauptbahnhof oder am Lido kann man sich auch eines anhalten.

Traghetto

Eine Gondelfähre überquert den Canal an sechs Punkten, die in der Karte markiert sind. Während der Fahrt, die nur einige Minuten dauert und ausgesprochen billig ist, müssen die Passagiere stehen.

Ferrovia S. Lucia
Als 1846 die Eisenbahn gebaut wurde, hörte Venedig auf, eine Inselstadt zu sein. Der Bahnhof stammt von 1955.

Vaporetto-Haltestelle
Linie 1, Linie 2 *(Diretto)*

Chiesa degli Scalzi
Ihr eigentlicher Name lautet »S. Maria di Nazareth«. Die *Scalzi*, die barfüßigen Karmeliter, gründeten die Kirche 1656. Obwohl sie keine Schuhe besaßen, hatten sie ein gutes Gespür re Stilelemente zeigt, teilweise an das Pantheon in Rom. Heute gehört sie zu den 81 Kirchen, die seit dem Ende der Republik geschlossen oder zerstört wurden, und ist nur für Konzerte geöffnet.

für die Kunst des Barock. 1915 zerstörte eine österreichische Bombe die Deckenfresken von Tiepolo. Geblieben sind zwei andere Werke des Meisters und die Asche von Ludovico Manin, dem letzten Dogen.

S. Simeone Piccolo
Der Name täuscht, denn die »kleine« Kirche ist doppelt so groß wie die nahegelegene Kirche »S. Simeone Grande«. Sie wurde 1723 fertiggestellt und erinnert, obwohl sie auch ande-

Ponte degli Scalzi
In den dreißiger Jahren unseres Jahrhunderts entwarf Eugenio Miozzi diese und die Accademia-Brücke.

Ca' Foscari-Contarini
Renaissance-Gebäude.

18 Canalazzo

Die Venezianer nennen ihn »Großer Kanal«. Er folgt dem Lauf einer alten Strömungslinie und ist 3,5 km lang, 4,5 m tief und 40 bis 70 m breit. Die Geschwindigkeitsbegrenzung von 9 km/h wird regelmäßig von Notdiensten überschritten.

Ca' Foscari
Gotischer Bau des 15. Jh.

Ca' Calbo-Crotta

Ca' ist die Kurzform von Casa. Während der Zeit der Republik gab es in Venedig nur einen Palazzo, den Palazzo Ducale (Dogenpalast). Jedes andere Haus wurde, gleichgültig wie groß es auch war, als »casa« bezeichnet. Dieses Ensemble von Häusern des 15. Jh. bildet jetzt das Hotel Principe.

Rio Terrà

Ein zugeschütteter Kanal. Im 19. Jh. wurden viele Wasserstraßen zugeschüttet.

Campo S. Simeone

Einst gab es in Venedig nicht nur einen einzigen Palazzo, sondern auch nur eine einzige *Piazza* – die Piazza di S. Marco. Jeder andere Platz wurde schlicht als »campo« (Feld) bezeichnet und war ursprünglich auch begrünt.

Calle dello Spezier

Der »Spezier« war ein Apotheker, der mit Gewürzen, Heilmitteln und Vorräten handelte. Im 17. Jh. waren Kaffee und »indisches Salz« (Zucker) seine wertvollsten Waren. Das Monopol des Apothekers auf diese beiden Güter ging jedoch verloren, sobald die Venezianer probiert hatten, was herauskam, wenn man sie auf türkische Art vermengte – heute nennt man den Trank »*Caffè antica*«.

den von Kurtisanen vergnügen, für die Venedig damals berühmt war. Das erklärt auch die zahlreichen Waisenhäuser der Stadt und warum so viele Dogen ledig blieben. Der Doge Andrea Gritti hat erwiesenermaßen fünf uneheliche Kinder gezeugt, eines davon mit einer Nonne namens Celestina. Aber die offizielle Familienplanung führte dazu, daß seine und vierzig andere Familien aussterben.

Ca' Flangini

Die Legende berichtet, daß das Haus von zwei Brüdern ererbt wurde, von denen einer seine Haushälfte zerstört haben soll, um dem anderen eins auszuwischen. Das ist nicht wahr, denn die andere Hälfte war nie gebaut worden. Sie stand zwar auf dem Plan des Architekten Guiseppe Sardi. Aber die Familie Flangini ereilte ein im Venedig des 18. Jahrhunderts nicht unübliches Schicksal – sie konnte das Geld nicht mehr aufbringen.

Scuola dei Morti

Riva di Biasio

Man sagt, daß ein Metzger dieses Namens kleine Jungen umgebracht haben soll, um seine »Spezialität«, eine Schweinefleischdelikatesse mit Namen »squazeto alla boechera« herzustellen...

Ca' Grifti

Nur wenige Venezianer erhielten im 16. Jh. von ihrer Familie die Erlaubnis zu heiraten – dieser Schritt hätte nämlich ein enormes Risiko für das Vermögen bedeutet. Töchter steckte man einfach in Klöster, und die Söhne durften sich mit Tausen-

S. Geremia

Der Campanile zählt zu den ältesten der Stadt, die Kirche selbst wurde im 18. Jh. wiederaufgebaut. Hier ruhen die sterblichen Überreste der hl. Lucia von Syrakus. Sie wurden 1863 hierher verbracht, nachdem ihre Kirche dem Bau des Bahnhofs hatte weichen müssen. Im Raum rechts von der Kapelle kann man ein von Palma Giovane gemaltes Bild der Heiligen und einige Reliquien besichtigen (nach Anmeldung).

Ca' Donà-Balbi

Ca' Marcello

Ca' Labia

Die Familie Labia erfreute sich eines sagenhaften Reichtums. Mit den Worten »*L'abbia, o non l'abbia, saro sempre Labia*« (Ob ich sie nun habe oder nicht, ich bleibe immer ein Labia) haben sie einst goldene Teller aus den Fenstern geworfen. Um die herrlichen Tiepolo-Fresken mit Szenen aus dem Leben Kleopatras sehen zu können, muß man sich unter der Telefonnummer 78 11 11 anmelden. Das Gebäude wird heute von der Fernsehgesellschaft RAI genutzt.

52 42 812 (1993) 15-16 h

Cannaregio

Bis zum Bau der Eisenbahn bildete der Canale di Cannaregio (gegenüber) den Hauptzugang zur Stadt vom Festland aus. Der Name bezeichnet ein Marschlandgebiet und gleichzeitig einen der sechs *Sestieri* (Verwaltungsbezirke) der Stadt.

Ca' Querini-Papozze

Mitglieder der Familie Querini zettelten 1310 eine Revolte gegen die verfassungsgemäße Regierung an. Als Anführer wählten sie den allseits beliebten Bajamonte Tiepolo. Der Doge wurde jedoch gewarnt und legte auf der Piazza einen Hinterhalt. Die Revolutionäre wurden vertrieben. Der Aufruhr endete, als Tiepolo – zu Pferd und bereit, die Merceria hinunter zu stürmen – seinen Fahnenträger verlor: Er wurde

Palo

Die Vertäuungspfosten gehören zu den Wahrzeichen Venedigs wie die Gondeln selbst. Jeder Pfosten ist in den Wappenfarben des Hauses gestrichen.

tödlich von einem Stein getroffen, den eine alte Frau aus einem Fenster geworfen hatte.

Ca' Contarini
Erbaut im 17. Jh.

Ca' Gritti

Ca' Martinengo
Im 18. Jh. wiedererrichtet.

Ca' Giovanelli
Gotischer Bau des 15. Jh.

Traghetto S. Marcuola
Die Fähre wurde 1349 in Dienst gestellt.

S. Marcuola

Die Kirche ist den heiligen Ermagora und Fortunato geweiht und besitzt eine Innenausstattung von Giorgio Massari und eines der beiden Abendmahlsgemälde von Tintoretto (das andere befindet sich in S. Simeone Grande).

Ca' Gatti

Das Haus besitzt einen prächtigen venezianischen »altana« (Dachgarten). Dort pflegten einst die Damen mit offenen Hüten zu sitzen. Sie ließen ihr Haar lose über die Krempen fallen, damit es von der Sonne den modischen Gelbton erhielt.

weise Johann VIII. Palaeologus, der vorletzte byzantinische Kaiser, 1438 hier drei Wochen. 1621 bis 1838 wurde es als Lagerhaus an die Türken vermietet. Nach gründlicher Renovierung beherbergt es heute das naturgeschichtliche Museum der Stadt. Öffnungszeiten: 9.00–13.30, Sonntag 9.00–12.00. Montag geschlossen.

Ca' Vendramin-Calergi

Eigentlich sollte das Haus Ca' Loredan heißen. Es wurde nämlich von Mauro Coducci für den berühmten Dogen Leonardo Loredan entworfen. Das berühmte, von Bellini gemalte Porträt des Potentaten hängt in der Londoner National Gallery.

Nachdem das Haus im Besitz zweier Herzöge gewesen war, fiel es an die Familie Calergi. Als sie es verkaufte, machte sie zur Bedingung, daß ihr Name erhalten bleiben sollte.

Fondaco del Megio

Das Wort *Fondaco* leitet sich ab vom arabischen »*fonduk*« und bedeutet »Lagerhaus«. Es wurde im 15. Jh. erbaut und diente als Lager für die Hirsevorräte der Stadt. Heute ist es eine Schule.

Fondaco dei Turchi

Dieses 1225 im venezianisch-byzantinischen Stil errichtete Haus gehört zu den ältesten der Stadt. 1381 erwarben es die Herzöge von Ferrara und benutzten es als Gästehaus für vornehme Besucher. So verbrachte beispiels-

Grimani-Flügel

1658 wurde ein Adliger entführt, hierher gebracht und auf Geheiß der damaligen Eigentümer, Pietro und Giovanni Grimani, umgebracht. Die aufgebrachte Republik machte das Gebäude dem Erdboden gleich und ersetzte es durch eine Schandsäule. Später wurde der Bau wiedererrichtet. 1882 mieteten sich hier Richard Wagner und sein Schwiegervater, Franz Liszt, ein. Es wurde Wagners letztes Zuhause, in dem er 1883 einem Schlaganfall erlag.

Ca' Belloni-Battagià

1647 erkaufte sich der steinreiche Girolamo Belloni mit 150 000 Dukaten (ungefähr eine Million Mark) einen Platz unter den Vornehmen der Stadt. Er beauftragte Baldassare Longhena mit der Errichtung dieses Hauses. Als es fertig war, hatte sich das Schicksal des Besitzers jedoch gewendet – anstatt es selbst beziehen zu können, mußte er das Haus an den Herzog Czernin, den kaiserlichen Gesandten, vermieten.

Ca' Marcello
Hier wurde 1686 der Komponist Benedetto Marcello geboren. 19 Jahre später schockierte eine anonyme Satire mit dem Titel »*Il Teatro alla Moda*« die Theater der Stadt. Ihr Verfasser war eben dieser Benedetto Marcello.

Ca' Erizzo
Gotisches Gebäude des 15. Jh.

Ca' Emo

Ca' Soranzo

Ca' Tron
Die Familie Tron stellte nur einen einzigen Dogen. Der zweite Amtsanwärter aus der Familie, Filippo Tron, war so fett, daß er tatsächlich platzte. Einige Tage vor der Wahl im Jahre 1501 starb er.

Ca' Contarini-Duodo
Gotisches Gebäude des 15. Jh.

Ca' Priuli
Im Erdgeschoß sieht man Reste des ursprünglich venezianisch-byzantinischen Gebäudes.

Ca' Molin
Gebäude des 17. Jh.

Ca' Zulian

Ca' Barbarigo
Das von Tiepolo für dieses Haus gemalte Deckenbild (»Stärke und Weisheit«) kann heute in der Ca' Rezzonico (S. 53) im Raum Nr. 7 besichtigt werden.

S. Stae
1709 gewann Domenico Rossi mit der Fassade der hl. Eustachius geweihten Kirche einen Wettbewerb.

Galerie für orientalische Kunst
Öffnungszeiten: 9.00–14.00.
Sonntag 9.00–13.00. Montag geschlossen.

Öffnungszeiten: 10.00–16.00,
Sonntag 9.30–12.30. Montag geschlossen.

Ca' Gussoni-Grimani

Als Sir Henry Wotton, der erste Gesandte Englands, 1614 hier einzog, müssen die Fassadenfresken Tintorettos noch ganz neu gewesen sein. Mit seinem Ausspruch »Ein Gesandter ist ein ehrenwerter Mann, der ins Ausland geschickt wird, um zum Besten seines Landes zu lügen« ging der Botschafter in viele Zitatensammlungen ein.

Ca' da Lezze

Ca' Pesaro

Napoleon schrieb, daß die Inkompetenz des Gesandten Francesco Pesaro ihn dazu veranlaßt habe, den Krieg zu erklären, der das Ende der Republik Venedig bedeutete. Das Haus der Familie Pesaro wurde 1652 begonnen und erst 1710 vollendet. Heute sind hier zwei Kunstgalerien untergebracht:

Galerie für moderne Kunst

Hier sind u. a. Werke von Rodin und Klimt ausgestellt,

Ca' Fontana

1643 erblickte hier Carlo Rezzonico das Licht der Welt. Als Clemens XIII. wurde er der fünfte Papst aus der Republik Venedig

Ca' Giusti
Gehört heute zur Ca' d'Oro.

Ca' d'Oro

Das einzige Haus Venedigs, das nicht den Namen seines Eigentümers, Marino Contarini, trägt. Es wurde vielmehr nach den Blattgoldornamenten benannt, die die 1440 von den Gebrüdern Bon vollendete Fassade mit Marmorintarsien zieren. Gior-

Ca' Corner della Regina

Caterina Corner, die berühmteste Tochter der Republik, wurde 1468 zur Königin von Zypern gekrönt. Obwohl ihr nur eine kurze, unglückliche Regentschaft beschieden war, waren die Venezianer sehr stolz auf sie. Als Domenico Rossi 1724 dieses Haus an die Stelle ihres alten Heims baute, erhielt es ihren Namen. Heute ist hier das Biennale-Archiv zur modernen Kunst untergebracht.

gio Franchetti, der letzte Privatmann, der hier wohnte, vermachte das Haus und seine Kunstsammlung dem Staat. Unter anderem sind hier *S. Sebastiano* von Montegna, eine *Venus* von Tizian sowie Gemälde von Vivarini, Bellini, Guardi, Tintoretto, Carpaccio, van Dyck und anderen Meistern zu sehen. Öffnungszeiten: 9.00–14.00. Sonntag 9.00–13.00. Montag geschlossen.

Ca' Morosini-Brandolin
Gotisches Gebäude des 15. Jh.

Ca' Favretto
In den siebziger Jahren des 19. Jh. richtete Giacomo Favretto in diesem gotischen Haus des 14. Jh. seine Wohnung und sein Studio ein. Seine Bilder sind heute in der Ca' Pesaro ausgestellt, im Haus ist das Hotel San Cassiano untergebracht.

Ca' Foscari

Ca' Morosini-Sagredo
Die Kolonnade im Untergeschoß stammt aus dem 13. Jh.

Ca' Pesaro-Rava
Gotisches Gebäude des 15. Jh.

Ca' Michiel dalle Colonne
Das Haus besitzt elf byzantinische Säulen – mehr als jedes andere Gebäude am Kanal. Daher auch der Name.

Calle dei Botteri
Die »Straße der Böttcher«.

Fondamenta dell'Olio
Hier wurde einst Olivenöl ausgeladen.

Pescaria
Seit dem 9. Jh. verkaufen hier die Fischer ihren Fang. Es dauerte aber bis 1907, bis man ihnen ein Dach über dem Kopf baute. An der Seite steht eine Statue des hl. Petrus, des »Menschenfischers«.

Ca' Michiel dal Brusa
Ein Feuer (brusa) vernichtete den Vorgängerbau.

Ca' Mangilli-Valmarana
In diesem Haus lebte Joseph Smith, der englische Gönner Canalettos. Wegen der enormen Profite, die er auf Kosten des Künstlers gemacht haben soll, nannte man ihn den »Kaufmann von Venedig«. Er förderte auch Antonio Visentini, der 1751 dieses Haus für ihn errichtete.

Erberia
Hinter dem Obst- und Gemüsemarkt gibt es einige Straßen mit recht kuriosen Namen: Drei heißen »La Donzella« (Mamsell), eine nennt sich »Scimia« (Affe) und eine andere »Straße hinter dem Affen«.

Calle delle Beccarie
Die »Straße der Metzgerläden«.

Traghetto S. Sofia
Diese Fährlinie nahm 1363 ihren Dienst auf.

Ca' da Mosto

In diesem im 13. Jh. im venezianisch-byzantinischen Stil errichteten Haus wurde Alvise da Mosto, der große Navigator des 15. Jh., geboren. Später beherbergte es das berühmte »Hotel zum weißen Löwen«, in dem 1769 Joseph II., Kaiser von Österreich, »incognito« wohnte – das am schlechtesten gehütete Geheimnis jenes Jahres.

Ca' Bolani-Erizzo

Pietro Aretino, der berüchtigte Freund Tizians, mußte Rom nach der Veröffentlichung sei-

Erberia
Obst- und Gemüsemarkt.

Fabbriche Nuove
1555 von Sansovino für das Handelsministerium entworfen und heute Gerichtsgebäude.

Fabbriche Vecchie
1522 von Scarpagnino als Bürogebäude erbaut.

Ca' dei Dieci Savi
Erbaut von Antonio Scarpagnino.

ner erotischen Sonette verlassen und lebte dann in diesem Haus aus dem 15. Jh. Sein beißender, ja fast schon verleumderischer Stil brachte ihm den Beinamen »Geißel der Fürsten« ein. Die »Geißel« wurde von Bischof Bolani, einem Kirchenfürsten, aus dem Haus geworfen, weil sie keine Miete zahlte.

Ca' Civran
Das Büro der Finanzbehörde.

Ca' dei Camerlenghi
Hier befand sich einst der von den Camerlenghis verwaltete Staatsschatz. Das Haus wurde um 1525 von Guglielmo Grigi erbaut. Im Keller wurden diejenigen eingekerkert, denen man Steuerbetrug nachweisen konnte.

Fondaco dei Tedeschi

Das 1508 anstelle eines abgebrannten Hauses mit öffentlichen Mitteln errichtete Gebäude war für die vielen deutschen Händler Venedigs Lagerhaus, Büro und Herberge zugleich. Da Fresken billiger kamen als Marmor, schmückten ursprünglich Malereien von Giorgione und Tizian die Fassade. Heute Hauptpostamt.

Wegen der Staatsverschuldung mußte der Bau allerdings um 60 Jahre verschoben werden – die drei Meister waren in der Zwischenzeit verstorben. Die bestehende Brücke wurde 1592 freigegeben und ist ein Werk von Antonio da Ponte. Er zog den Bogen so hoch, daß auch Schiffe mit niedergelegtem Mast durchfahren konnten. Das Projekt wurde durch die Erhebung von Brückenzoll finanziert.

S. Bartolomeo

Da die Kirche in der Nähe des Fondaco dei Tedeschi lag, wurde sie die Gemeindekirche der hier ansässigen Deutschen. Während seines Venedig-Aufenthalts im Jahre 1506 malte Albrecht Dürer hier seine »Madonna im Rosenkranz«. Die Österreicher verbrachten das Bild nach Prag, wo es sich (allerdings beschädigt) noch heute befindet. Geblieben sind dagegen die Bilder von Sebastiano Piombo an der Orgel – man muß allerdings sehr früh aufstehen, wenn man die Kirche offen finden möchte.

Ponte di Rialto

Die erste Brücke über den Rialto wurde 1310 während des Tiepolo-Aufstandes zerstört. Die zweite brach 1444 unter dem Gewicht der Zuschauer zusammen, die sich versammelt hatten, um die Hochzeitsprozession der Marchesa von Ferrara zu sehen. Die dritte, eine hölzerne Zugbrücke, ist auf einem Gemälde von Carpaccio (Accademia, Raum 20) dargestellt. 1524 schrieb man einen Wettbewerb für eine Steinbrücke aus. Michelangelo, Sansovino und Palladio reichten Entwürfe ein.

Ca' Dolfin-Manin

Sansovino errichtete um 1560 das Haus. In ihm lebte der letzte Doge, Ludovico Manin. Als 1797 die Republik aufgelöst wurde, entsagte er der Krone mit den Worten: »Nehmt sie, ich werde sie nicht mehr brauchen.« Im Gebäude sind heute die Büros der Bank von Italien untergebracht.

Fondamenta del Vin

Da es keinen natürlichen Untergrund gab, wurde zur Stützung der Häuser am Wasser ein »*fondamenta*« errichtet. Dies war zugleich Straße und Kai, wo die Schiffe ihren Wein entladen konnten.

Rialto

Der Name leitet sich ab von »*Rivo alto*«, was soviel wie »hohes Ufer« bedeutet. Dies war einer der ersten Plätze der Lagune, die besiedelt wurden. Von der Gründung an konzentrierten sich hier Handel und Finanzwesen.

Ca' Bembo

In diesem gotischen Gebäude des 15. Jh. wurde der Gelehrte und Poet Pietro Bembo geboren. Nach ihm benannte man 1495 die erste klassische Druckschrift der Welt.

Casetta Dandolo

Das kleine gotische Gebäude aus dem 15. Jh. soll am Geburtsort des blinden Dogen Enrico Dandolo stehen, der 1204 die Plünderung Konstantinopels plante und leitete.

Griechisches Konsulat

Ca' Valier

Am Ende der Straße steht das Haus, in dem 1510 Giorgione starb (Nr. 1022, gegenüber S. Silvestro).

Ca' Loredan

1362 logierte der König von Zypern in diesem im venezianisch-byzantinischen Stil errichteten Haus des 13. Jh. Sein Wappen ist noch an der oberen Loggia zu sehen. Heute gehört der Bau zum Rathaus.

Ca' Farsetti

Da es keinen Dogen mehr gibt, wird Venedig heute von einem Bürgermeister regiert, der einer »Giunta« vorsteht, die wiederum von einem gewählten Stadtrat bestellt wird und im Rathaus residiert, einem ehemaligen Kaufmannshaus aus dem 13. Jh.

Ca' Rava

Das neugotische Haus wurde erst 1906 an der Stelle erbaut, wo der Palast des Patriarchen von Grado gestanden haben soll.

Traghetto S. Silvestro

Setzt über zur Calle und Fondamenta del Carbon, wo früher Kohle entladen wurde.

Ca' Corner-Martinengo
In diesem Haus wohnten James Fenimore Cooper und William Turner, der im Obergeschoß des ehemaligen Hotels »Leone Bianco« arbeitete.

Ca' Corner-Valmarana

Ca' Grimani
Sanmicheli erbaute das Gebäude 1556 als Privatresidenz für Girolamo Grimani und seine Familie. Die etwas nüchtern und bedrohlich wirkende Fassade paßt jedoch weit besser zur jetzigen Funktion – hier hat das Appellationsgericht seinen Sitz.

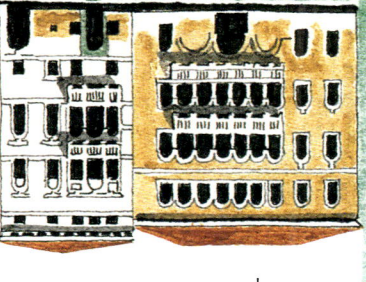

Ca' Barizza
Gebäude des 12. Jh. im venezianisch-byzantinischen Stil.

Ca' Businello
Gebäude im venezianisch-byzantinischen Stil.

Ca' Corner-Contarini

Das um 1450 errichtete Gebäude trägt den Spitznamen »dei Cavalli« (die Pferde), der auf die Pferde in den beiden Wappen zurückgeht.

Ca' und Casetta Tron

Gotisches Gebäude des 15. Jh.

Ca' Martinengo

Das Haus wurde im 16. Jh. von Pordenone mit Fresken geschmückt. Später ging es in den Besitz von Conte Volpi über. Er gründete die Hotelkette CIGA, brachte die Elektrizität nach Venedig und rief das Filmfestival ins Leben. In der Hoffnung, die

Ca' Papadopoli

Giangiacomo Grigi aus Bergamo baute 1560 dieses Haus für die Familie Coccina. Der angrenzende Garten wurde im 19. Jh. von der Familie Papadopoli angelegt.

Ca' Donà

Ein weiteres Gebäude im venezianisch-byzantinischen Stil, das im 16. und 17. Jh. ziemlich starke Veränderungen erfuhr.

Stadt wieder reich zu machen, plante er auch die Ansiedlung von Industrie in Mestre und Porto Marghere.

Ca' Benzon
1818 war hier der Treffpunkt vieler Intellektueller. Lord Byron, Canova und andere versammelten sich um die Contessa Marina Benzon, die das Liebeslied »La Biondina in Gondoletta« anregte.

Ca' Donà della Madonetta
Das alte, im venezianisch-byzantinischen Stil errichtete Haus hat seinen Namen von dem kleinen Madonnenrelief des 15. Jh. an der Fassade.

Ca' Bernardo
Der Architekt dieses gotischen Hauses des 15. Jh. war wohl nicht ganz nüchtern, als er die Pläne für das erste und zweite Obergeschoß entwarf: Sie sind nämlich miserabel aufeinander abgestimmt.

Ca' Curti
Ein Gebäude des 17. Jh.

Ca' Corner-Spinelli
Das Gebäude wurde zwischen 1490 und 1510 von Mauro Coducci für die Familie Lando errichtet. Erstmals setzte er dabei in seinem Plan Renaissance-Elemente ein. Später wurde es an die Familie Cornaro verkauft, die den Florentiner Giorgio Vasari engagierte. Er malte neun Deckenbilder, die mittlerweile allerdings an andere Orte verbracht wurden.

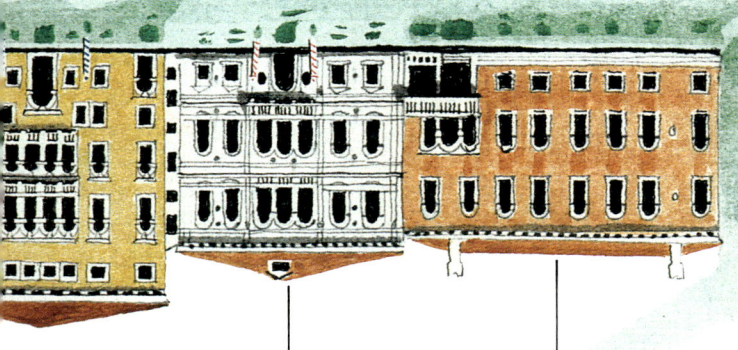

Ca' Barbarigo
Wird wegen seiner Terrasse auch »della Terrazza« genannt. Hier lebte Sir Austen Layard, der Entdecker der Ruinen des alten Ninive. Seine Gemäldesammlung hängt heute in der Londoner National Gallery.

Ca' Cappello-Layard

Ca' Grimani
Eines der ersten Renaissance-Gebäude Venedigs (1520).

Teatro S. Angelo

Hier stand früher eines von Venedigs sieben Opernhäusern. Sie alle trugen die Namen von Pfarrkirchen. Etwa zwanzig von Vivaldis Opern wurden hier produziert, von »Orlando Finto Pazzo« (1714) bis zu »Feraspe« (1739).

Ca' Garzoni

Das gotische Gebäude des 15. Jh. gehörte heute zur Universität von Venedig.

Ca' Pisani-Moretta

Nachdem Chiara Pisani 1737 dieses gotische Haus des 15. Jh. geerbt hatte, leitete sie ein Renovierungsprogramm ein, das sich über 30 Jahre hinzog. Um die Arbeiter finanzieren zu können, verbrachte sie 25 Jahre mit dem Versuch, ihren Bruder zu enterben, da er unehelich geboren war. Sie hatte aber Pech und scheiterte. Ihre Nachkommen restaurierten kürzlich das Haus, das immer noch eine schöne Decke von Tiepolo besitzt.

Traghetto Garzoni

Setzt über zu S. Tomà (Frari).

Ca' Mocenigo-Nero

Dieses Haus des 16. Jh. brachte Giordano Bruno Unglück. Er wurde 1592 vom Hausherrn eingeladen und sollte ihn in die Geheimnisse der Alchemie einführen. Der Gastgeber war aber mit seinen Künsten nicht zufrieden und verriet ihn an die Kirche. Er wurde in Rom auf dem Scheiterhaufen verbrannt. Sein Geist soll später im Haus des Verräters gespukt haben.

Traghetto S. Tomà

Diese Fähre wurde 1354 in Dienst gestellt. Früher gab es entlang des Kanals dreizehn Fährstationen, heute sind es nur noch sechs. »*Traghetto*« leitet sich ab vom lateinischen *transgerere* = hinübergehen.

Ca' Giustinian Persico

Gebäude des 16. Jh.

Ca' Tiepoletto

Gotisches Gebäude des 15. Jh. mit späteren Veränderungen.

Ca' Mocenigo

Lord Byron lebte hier 1818 einige Zeit. Dabei entstand der Anfang von »*Don Juan*«, wozu er auch durch seine eigenen galanten Abenteuer inspiriert wurde. Eines endete damit, daß die Dame sich von diesem Balkon in den Kanal stürzte.

Ca' Mocenigo Vecchia

1621 beherbergten die Herzöge von Arundel hier Antonio Foscarini. Seine Feinde bezichtigten ihn des Verrats, und er wurde schließlich hingerichtet. Als sich seine Unschuld herausstellte, entschuldigte sich die Republik.

Ca' Civran-Grimani Gebäude des 17. Jh.

Ca' Dandolo-Paolucci Heute ist hier das dänische Konsulat untergebracht.

Ca' Marcello dei Leoni

Ca' Dolfin

Ca' Contarini delle Figure
Die »figures« (Figuren) befinden sich unter dem Balkon und sind deshalb nicht leicht auszumachen. Das Haus wurde 1546 für den Botaniker und Senator Jacopo Contarini gebaut. Er rich III. Heute ist hier das wirtschaftswissenschaftliche Institut der Universität untergebracht.

Ca' Masieri
Man erlaubte Frank Lloyd Wright nicht, an dieser Stelle zu bauen.

Ca' Balbi
Nicolò Balbi lebte auf einem Boot, während er auf die Fertigstellung seines Hauses wartete. Leider raffte ihn eine Erkältung dahin, bevor es 1590 nach Plänen von Alessandro Vittoria vollendet war. Napoleon beobachtete von hier aus 1807 die Regatta. Heute ist hier die regionale Verwaltung untergebracht.

hatte die Idee zu den herrlichen Schauspielen, die Heinrich III. von Frankreich so verwirrten, als er 1574 in der gegenüberliegenden Ca' Foscari logierte.

Ca' Erizzo
Gotisches Gebäude des 15. Jh.

Ca' Giustinian
Bei einem Schiffsunglück kamen 1172 alle Mitglieder der Familie ums Leben – bis auf einen Mönch. Auf seine Bitte hin entband ihn der Papst auf Zeit von seinen Gelübden, damit er die Tochter des Dogen heiraten konnte. Er hatte später eine zwölfköpfige Familie. Nachkommen dieser Familie errichteten 1472 diesen Gebäudekomplex. Im zweiten Haus schrieb 1858 Richard Wagner »*Tristan und Isolde*«.

Ca' Foscari
Hier begann und endete die Regatta. Das erste vierstöckige Haus der Stadt wurde 1437 für den Dogen Francesco Foscari errichtet. 1574 feierte man hier den französischen König Hein-

Ca' Moro-Lin

Ein Mitglied der Familie Moro brachte aus Eifersucht seine Frau Desdemona um und lieferte so William Shakespeare den Stoff für sein Drama »*Othello*«. Er war jedoch kein Mohr. Die Familie kam aus Morea, einem von den Venezianern beherrschten Gebiet Griechenlands. Im Jahre 1670 verband der Maler Pietro Liberi zwei gotische Gebäude miteinander und schuf so dieses »Haus der dreizehn Fenster«.

Carlo Rezzonico sein Heim, um als Clemens XIII. als fünfter und letzter Papst, den die Republik Venedig stellte, in die Geschichte einzugehen. 1889 kam Robert Browning ein letztes Mal hierher. Er erkrankte und starb an einer Erkältung. Heute befindet sich hier ein Museum, das Möbel und Gemälde aus dem Venedig des 18. Jh. ausstellt, z. B. Werke von Guardi, Longhi, Tiepolo und anderen.
Öffnungszeiten: 10.00–16.00.
Sonntag 9.00–12.00.
Freitag geschlossen.

Ca' Grassi
Das letzte große Haus am Kanal wurde in den dreißiger Jahren des 17. Jh. nach Plänen von Giorgio Massari errichtet. Es wurde kürzlich von Fiat erworben, restauriert und für Ausstellungen zur Verfügung gestellt.

S. Samuele
Diese selten genutzte Kirche ist dem Propheten Samuel geweiht. Sie besitzt Fresken der Schule von Padua und einen Campanile aus dem 12. Jh.

Traghetto S. Samuele

Ca' Rezzonico
1667 begann Baldassare Longhena, dieses Haus für die Familie Bon zu errichten. Sie mußte das halbfertige Gebäude jedoch 1712 an die Familie Rezzonico verkaufen, die Massari mit der Fertigstellung beauftragte (1750). Acht Jahre später verlieh

Traghetto S. Samuele

Ca' Contarini-Michiel
Ein Gebäude des 17. Jh.

Ca' di Madame Stern
Ein Gebäude aus dem 19. Jh.

Ca' del Duca

Als Francesco Sforza, der Herzog von Mailand, 1461 dieses Grundstück erwarb, plante er das größte Haus Venedigs. Gebaut wurden davon jedoch lediglich die Fundamente auf der rechten Seite. Die Republik Venedig nahm dem Mailänder seine Politik übel, konfiszierte sein Eigentum und verkaufte es später weiter. So entstanden die beiden heute dort befindlichen Gebäude. In einem von ihnen arbeitete 1514 Tizian.

Ca' Loredan

Als die Österreicher 1752 nach einem geeigneten Botschaftsgebäude suchten, bot man ihnen dieses gotische Haus des 15. Jh. an. Die Mietbedingungen waren ebenso einfach wie unverschämt: Miete und alle Unterhaltungskosten für die nächsten 29 Jahre im voraus. Da die Österreicher sowohl Diplomaten als auch Realisten waren, akzeptierten sie. Denn der Besitzer, Francesco Loredan, war gerade zum Dogen gewählt worden.

Ca' Moro

Ca' Falier

Während des amerikanischen Bürgerkriegs logierte hier William Dean Howells, Konsul der Vereinigten Staaten und Autor von »*Venetian Life*«. Die beiden überdachten Terrassen sind seltene Beispiele für das, was die Venezianer »*liago*« nannten.

Ca' Giustinian-Lolin

Geht auf einen frühen Plan von Longhena zurück, heute das Fondazione-Levi-Musikzentrum.

Ca' Contarini degli Scrigni

Das Gebäude wurde 1609 als Erweiterungsbau zu seinem gotischen Nachbarhaus errichtet. Der Name kommt von »*scrigni*«, der Geldkisten, die im 15. Jh. als Mitgift an die Familie fielen.

Ca' Contarini-Corfù

Gotisches Gebäude des 15. Jh.

Ca' Gambara

Ca' Querini
Hier ist heute das britische Konsulat untergebracht.

die wertvollsten Gemälde aus Venedig zu sehen. Man betritt das Gebäude durch die ehemalige Schule, deren Fassade von Giorgio Massari stammt. Plan auf S. 114. Öffnungszeiten: 9.00–14.00. Donnerstag 9.00–16.00. Sonntag 9.00–13.00. Montag geschlossen.

der auch eine Schule und ein Kloster gehörten, säkularisierte er und brachte darin die »Accademia« unter. Dort sind heute

Ca' Marcello
Hier ist das Konsulat der Bundesrepublik Deutschland untergebracht.

Ponte dell'Accademia
1932 errichtete Eugenio Miozzi die Brücke anstelle einer österreichischen Eisenbahnbrücke des 19. Jh.

Ca' Franchetti
Baron Franchetti, der die Ca' d'Oro und seine Kunstschätze der Stadt vermachte, mußte für seine willkürliche Restaurierung dieses Gebäudes aus dem 15. Jh., besonders aber für den 1896 angebauten Flügel, herbe Kritik einstecken.

Akademie der schönen Künste
Napoleon zerstörte 30 venezianische Kirchen. Diese, die ehemalige S. Maria della Carità, zu

Ca' Brandolin-Rota
Ein neuer Teil der Accademia.

Ca' Contarini-Polignac
Die Renaissance-Fassade verbirgt ein gotisches Inneres.

Ca' Barbaro

Nachdem die Familie Curtis aus Boston das Haus im 19. Jh. erworben hatte, waren viele Prominente darin Gast. Monet und Sargent besaßen beide hier ein Studio. Browning las aus seinen Werken. Henry James schrieb hier »*The Aspern Papers*« und benutzte das Haus als Schauplatz für seinen Roman »*The Wings of the Dove*«. Cole Porter wohnte 1923 für kurze Zeit hier, bevor er – wie Diaghilev es nannte – einen »idiotischen Nachtclub auf

Ca' Barbarigo
Im 19. Jh. hatte man eine recht unglückliche Vorliebe für Mosaiken. Diese hier stammen von Carlini.

Ca' Loredan

Ca' Balbi-Valier

Ca' da Mula
Monet malte dieses gotische Gebäude während eines Venedig-Aufenthalts im Jahre 1908. Betrachtet man jedoch das Bild (in der Washingtoner National-Gallery) genauer, so kommt man zu dem Schluß, daß ihn das Wasser wesentlich mehr interessierte als das Gebäude.

einem jenseits von Salute verankerten Schiff« eröffnete. Das Haus besteht aus zwei Gebäudeteilen. Der zweite wurde 1694 angefügt, damit man Platz für den dringend benötigten Ballsaal hatte.

Casetta delle Rose

Canova, der letzte große venezianische Bildhauer, hatte in den 70er Jahren des 18. Jh. hier sein Studio. Während des Ersten Weltkriegs verbrachte der erblindete Dichter Gabriele d'Annunzio hier seine letzten Tage.

Ca' Biondetti

1757 starb hier die Pastellmalerin Rosalba Carriera. Ihre Bilder waren berühmt, und ihr Parisbesuch im Jahre 1721 hatte starken Einfluß auf das französische Rokoko. Einige ihrer Werke sind in einem kleinen Raum in der Ca' Rezzonico zu sehen, einige andere, zu denen auch ein Selbstporträt gehört, befinden sich in Raum XVII der Accademia.

Ca' Grande

Sansovino, der dieses Haus plante und baute, mußte seine Arbeit wiederholt unterbrechen, denn die Familie Corner lag in ständigem Streit darüber, welcher Teil des Familienerbes für seine Bezahlung verwendet werden sollte. So starb der Baumeister 1570, noch bevor er sein Werk vollendet hatte. Nach dem Fall der Republik zog der österreichische Gouverneur hier ein. Heute ist hier die Polizeipräfektur.

die Eigentümer der gegenüberliegenden Ca' Grande sich gegen die Vollendung gewehrt hätten, da sie Angst hatten, das Gebäude könnte ihnen den Blick auf die Lagune verstellen. Betrachtet man das Modell im Correr-Museum, so war die Furcht sicher nicht unbegründet. Peggy Guggenheim erwarb das Gebäude 1951 und brachte hier ihre Sammlung moderner Kunst unter. Sie umfaßt u. a. Werke von Klee, Picasso, Braque, Chagall und Ernst. Öffnungszeiten: 12.00–18.00. Samstag: 12.00–21.00. Dienstag und von November bis März geschlossen.

Minotto

Girolamo Minotto war der letzte »bailo« (Leiter der Handelsmission) in Konstantinopel, als die Stadt 1453 in die Hand der Türken fiel. Er erbat dringend Hilfe aus Venedig, die aber leider zu spät eintraf.

Ca' Barbarigo
Gebäude des 17. Jh.

Ca' Venier-Contarini
Gebäude des 17. Jh.

Traghetto S. Maria del Giglio

Ca' Dario

Die wohl schönste Fassade des ganzen Kanals wurde 1488 an das gotische Haus von Giovanni Dario, dem Sekretär des Dogen, angebaut. Ihre Originalität läßt darauf schließen, daß der Hausherr sie selbst entworfen hat.

Ca' Venier dei Leoni

Als 1749 die Bauarbeiten nach der Errichtung des Untergeschosses abgebrochen wurden, nannte man das Haus »Ca' Non-finito«. Einige sagen, die Veniers hätten kein Geld mehr gehabt. Andere behaupten, daß

Ca' Pisani-Gritti

Als Ruskin im Jahre 1849 in diesem Haus aus dem 15. Jh. wohnte, waren Giorgiones Fresken an der Fassade schon längst verblichen. Heute ist hier das berühmte Gritti Palace Hotel untergebracht.

Ca' Manolesso-Ferro

Das gotische Gebäude des 15. Jh. beherbergt heute die Büros der Regionalverwaltung.

Ca' Flangini-Fini

Das Gebäude wird dem Architekten Alessandro Tremignon zugeschrieben.

mußte Baldassare Longhena, der Baumeister, eine hölzerne (leichtere) Kuppel konstruieren, damit das Gebäude nicht absackte. Das Hauptportal öffnet sich einmal im Jahr, am »Tag der Rettung« (21. November). Eine Pilgerprozession zieht dann auf einer Brücke aus Booten über den Kanal.

Ca' Genovese

Gebäude aus dem Jahre 1892.

Ca' Salviati

Ca' Contarini-Fasan

Das Gebäude ist allgemein als das Haus der Desdemona bekannt. Die Unglückliche wurde aber von ihrem eifersüchtigen Ehemann schon lange vor der Entstehung des Gebäudes im 15. Jh. umgebracht. Es besitzt nur einen einzigen Raum und wurde nach einem Mitglied der Familie Contarini, einem begeisterten Fasanenjäger, benannt.

Ca' Contarini
Gotisches Gebäude des 15. Jh.

S. Maria della Salute
Die große Pestepidemie des Jahres 1630 forderte 50 000 Menschenleben. Die Überlebenden erbauten diese Kirche zum Dank für ihre Errettung. Obwohl mehr als eine Million Eichenpfeiler für das Fundament verwendet worden waren,

S. Gregorio
Eine ehemalige Abtei.

Calle di Traghetto
Eine ehemalige Fährstation.

Ca' Tiepolo
Zu Beginn des 19. Jh. war das Hotel Britannia darin, heute das Europa & Regina.

Seminario Patriarcale
Das 1669 von Longhena errichtete Gebäude beherbergt heute die Manfredia-Galerie. Die Sammlung mit Werken von Tizian, Vivarini, Lippi, Veronese und Canova ist nur nach Voranmeldung zu besichtigen.

Dogana di Mare
Auf der vergoldeten Kuppel des Zollgebäudes steht seit 1676 als Wetterfahne eine Statue der launischen Göttin Fortuna.

Ca' Treves

Das im 17. Jh. erbaute Haus ist der Öffentlichkeit nicht zugänglich. Im Zwischengeschoß des anschließenden Gebäudes befinden sich immer noch die von Canova geschaffenen Statuen von Ajax und Hektor, die bereits Metternich und Joseph II. von Österreich begeisterten.

Hotel Bauer-Grünwald
Die gotische Fassade aus dem 19. Jh. wirkt wesentlich attraktiver als ihr modernes Gegenstück am anderen Ende, das gegenüber S. Moisè liegt.

Ca' Giustinian
Im 19. Jh. war in diesem Gebäude das Europa-Hotel untergebracht. Dort wohnte Verdi, während er seine Opern im La Fenice aufführte. Gast war auch der Dichter Théophile Gautier und der Schriftsteller Marcel Proust. Heute ist hier die Zentrale der Biennale von Venedig, einer internationalen Ausstellung moderner Kunstwerke, die in jedem Jahr mit gerader Schlußzahl stattfindet. Es gibt außerdem permanent geöffnete Pavillons in den Giardini Pubblici (siehe hinterer Vorsatz) und andere Ausstellungen.

Il Ridotto

1768 eröffnete Marco Dandolo im Ridotto (kleiner Raum oder Foyer) seines Hauses ein Spielkasino, das bald zu den berühmtesten Europas zählte. Um Zutritt zu erhalten, mußte man entweder adlig sein oder eine Maske tragen. Sechs Jahre später schloß der Adel das Casino: Die vornehmen Spieler hatten zuviel Geld an die maskierten verloren. Heute ist hier ein Theater untergebracht.

Hotel Monaco

Harrys Bar

Das Etablissement ist nach Harry Pickering benannt, einem Amerikaner, der sich einmal Geld vom Barkeeper geliehen hatte. Aus Dankbarkeit kehrte er später zurück und half dem Mann, Giuseppe Cipriani, diese Bar einzurichten. Giuseppes Cocktails aus Fruchtsäften und Champagner tragen den Namen venezianischer Maler. Der »Bellini« enthält beispielsweise Pfirsichsaft, der »Tiziano« Grapefruitsaft und Grenadine. Sein berühmtestes Gericht, hauchdünn aufgeschnittenes Rindsfilet mit Mayonnaise, trägt den Namen Carpaccio. Der heutige Geschäftsführer, Giuseppes Sohn Arrigo (Harry) rühmt sich, der einzige Mann zu sein, der nach einer Bar genannt wurde.

Zecca

Hier, in der alten Münze, wurden früher die Golddukaten der Republik geprägt, die auch unter dem Namen *Zechinen* bekannt sind. Die Kosten für das 1547 von Sansovino errichtete Gebäude brachte man auf, indem man auf der damals venezianischen Insel Zypern 25 000 türkischen Sklaven erlaubte, sich die Freiheit zu erkaufen.

Giardinetti Reale

Diese Gärten entstanden, nachdem die alten Kornspeicher der Republik weggespült worden waren.

Libreria Marciana

Das Gebäude gilt als Sansovinos Meisterwerk. Dennoch wanderte er 1545 ins Gefängnis, nachdem die Decke eingestürzt war. Man mußte ihn jedoch wieder entlassen, damit er den Schaden reparieren konnte, wofür er allerdings selbst die Kosten tragen mußte. Palladio hielt den Bau jedenfalls für den schönsten seit dem Altertum.

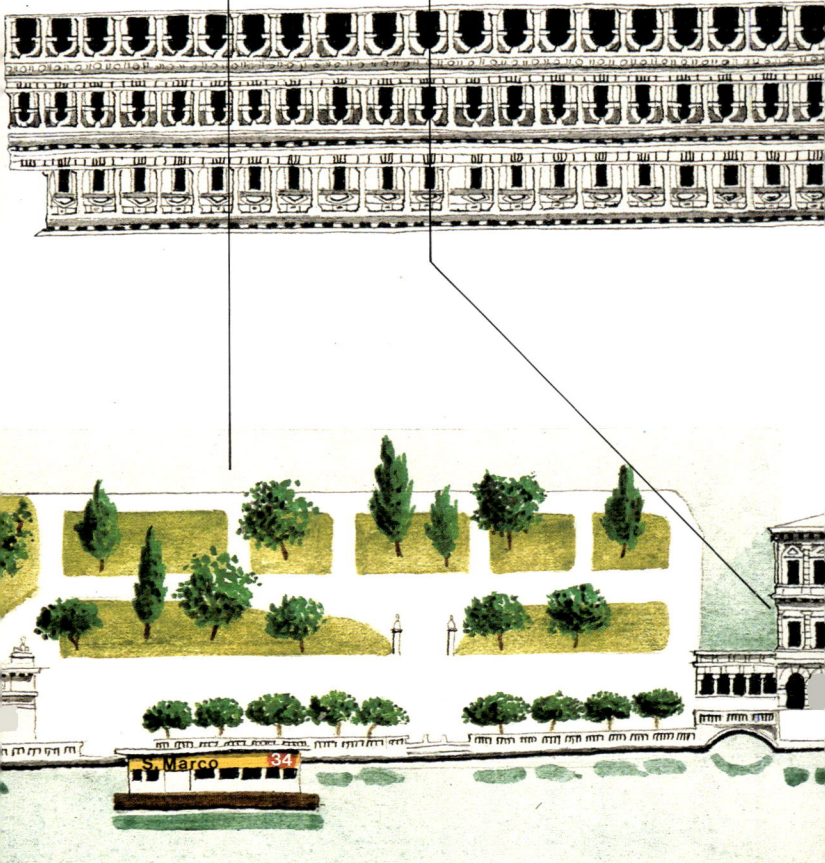

Alte Bibliothek
Zutritt erhält nur, wer eine Sondergenehmigung des Direktors besitzt.

Archäologisches Museum
Das 1523 begründete Museum stellt heute in zwanzig Räumen griechische und römische Kunstwerke aus.

Die »Zwillingssäulen«
Als Dank für die Errichtung dieser beiden Säulen erlaubte man Niccolò Starantonio, der den Spitznamen »der Schwindler« trug, zu ihren Füßen eine Spielhölle einzurichten. Zufälligerweise beschloß man aber auch, den Platz zu einer Hinrichtungsstätte zu machen und andernorts strangulierte Verbrecher an den Füßen an den Säulen aufzuhängen. Die eine Säule trägt den Markuslöwen, die andere S. Teodoro mit seinem Drachen.

Piazza di San Marco
Markusplatz

Napoleon bezeichnete den Markusplatz als den weitaus schönsten Salon Europas. Prompt zerstörte er eine Seite, indem er S. Giminiano, die von Sansovino errichtete Kirche, niederriß, um Platz für seinen königlichen Palast zu schaffen. Dieser heißt heute Ala Napoleonica und bildet den Eingang zur

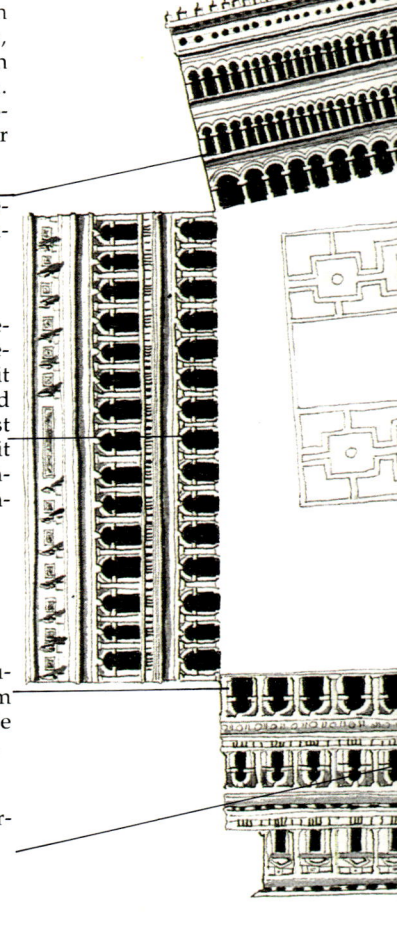

Procuratie Vecchie
Hier befanden sich einst die Residenz und die Büros der Prokuratoren.

Correr-Museum
Museum für Kunst und Stadtgeschichte. Im zweiten Stock befindet sich die Kunstgalerie mit Werken von Gentile Bellini und Carpaccio. Im ersten Stock ist die historische Sammlung mit Dokumenten, Textilien, Münzen und anderen Exponaten untergebracht.
Öffnungszeiten: 10.00–16.00.
Sonntag 10.00–12.30.
Dienstag geschlossen.

Procuratie Nuove
Sansovino errichtete das Gebäude, als er die Piazza von einem Quadrat zu einem an einer Seite breiteren Trapez umgestaltete.

Florian's
1683 eröffnete hier Europas erstes Café.

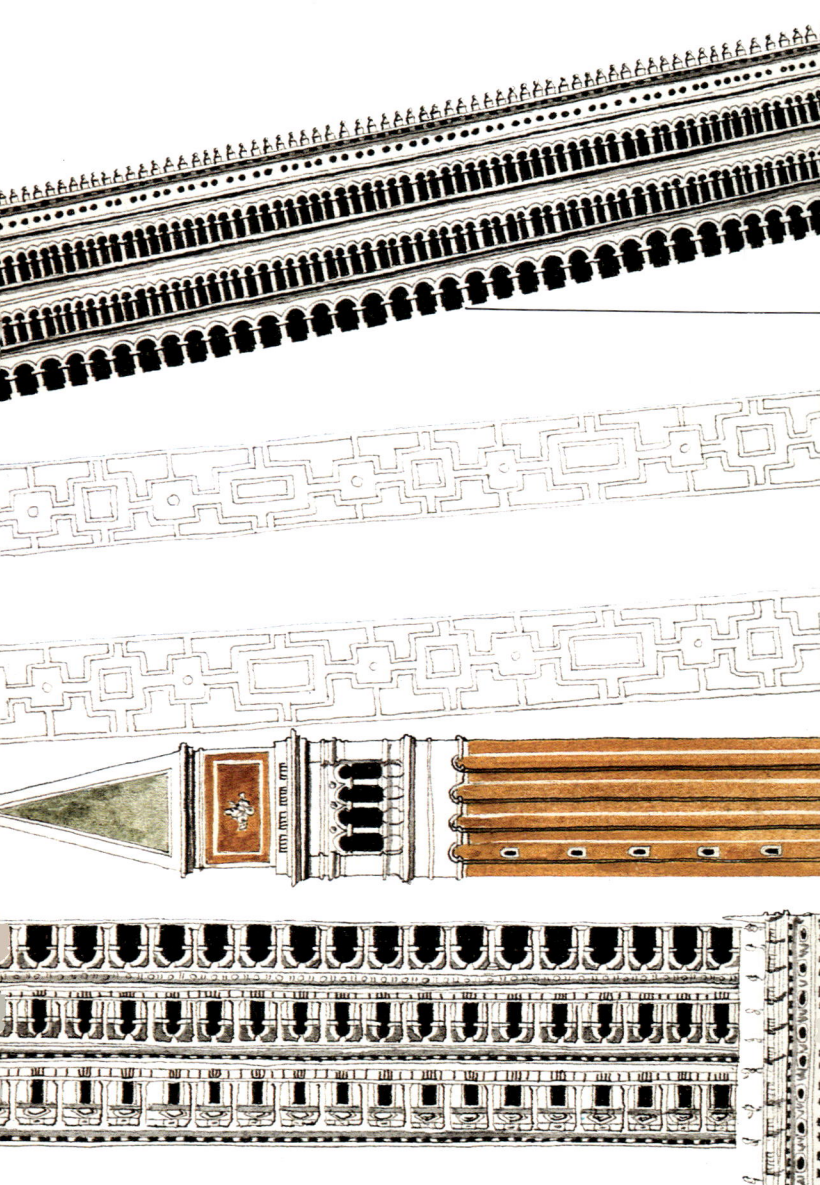

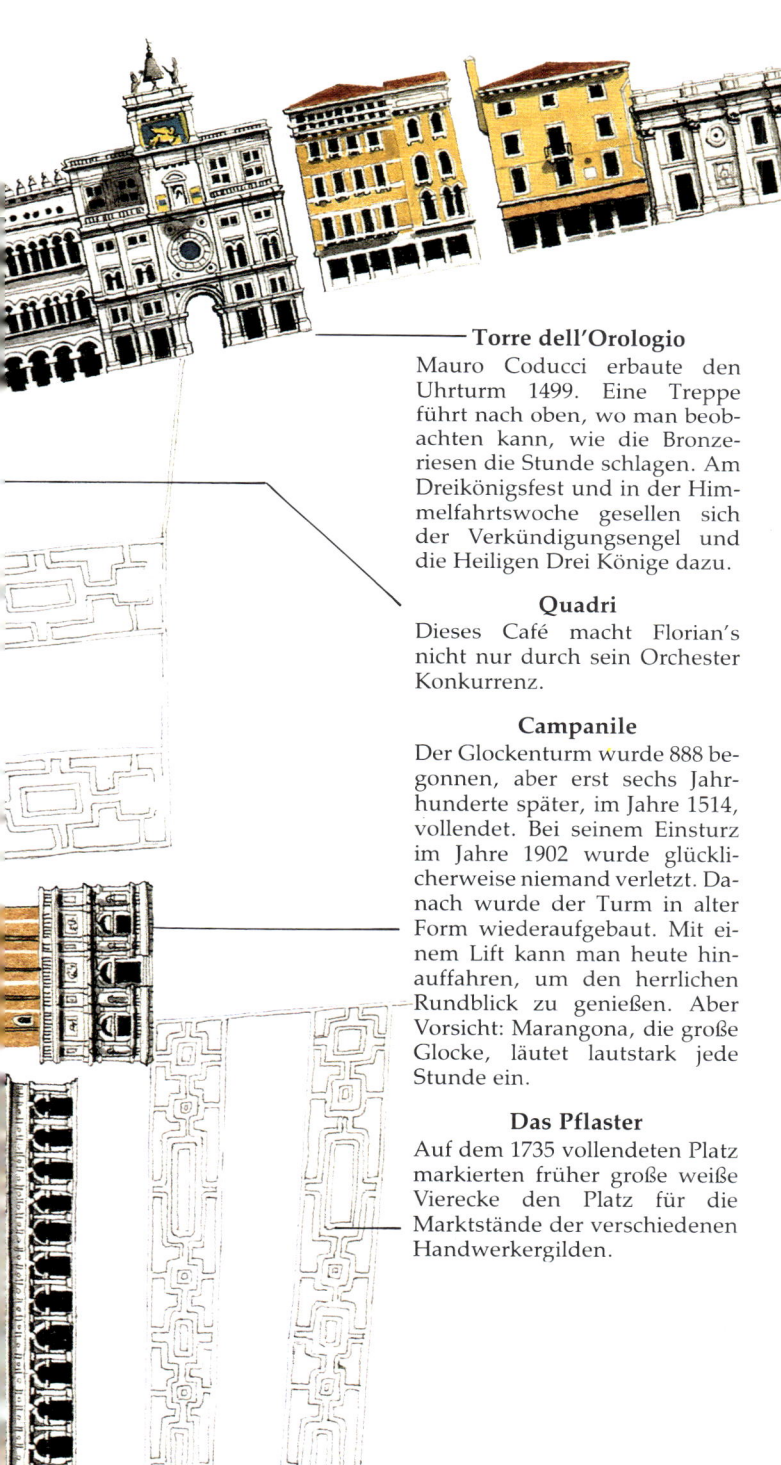

Torre dell'Orologio
Mauro Coducci erbaute den Uhrturm 1499. Eine Treppe führt nach oben, wo man beobachten kann, wie die Bronzeriesen die Stunde schlagen. Am Dreikönigsfest und in der Himmelfahrtswoche gesellen sich der Verkündigungsengel und die Heiligen Drei Könige dazu.

Quadri
Dieses Café macht Florian's nicht nur durch sein Orchester Konkurrenz.

Campanile
Der Glockenturm wurde 888 begonnen, aber erst sechs Jahrhunderte später, im Jahre 1514, vollendet. Bei seinem Einsturz im Jahre 1902 wurde glücklicherweise niemand verletzt. Danach wurde der Turm in alter Form wiederaufgebaut. Mit einem Lift kann man heute hinauffahren, um den herrlichen Rundblick zu genießen. Aber Vorsicht: Marangona, die große Glocke, läutet lautstark jede Stunde ein.

Das Pflaster
Auf dem 1735 vollendeten Platz markierten früher große weiße Vierecke den Platz für die Marktstände der verschiedenen Handwerkergilden.

Basilica di San Marco

Von allen Beutezügen, die die Venezianer unternahmen, um Kostbarkeiten für ihr »Elsternnest«, die Markuskirche, herbeizuschaffen, war der erste auch der spektakulärste. Man holte die Gebeine des hl. Markus aus seinem Grab in Alexandria, schmuggelte sie in einem Korb mit der Aufschrift »Schweinefleisch« an den muselmanischen Zöllnern vorbei und brachte sie heimlich nach Venedig. Dort wurde dem Evangelisten im Jahre 828 ein Empfang zuteil, der eines großen Helden würdig gewesen wäre. Um den Diebstahl zu rechtfertigen, erfand man eine Legende, nach der der Apostel zu seinen Lebzeiten tatsächlich in der Lagune gewesen war. Er soll im Verlauf eines Sturms beim Rialto gestrandet und in einen tiefen Schlaf gefallen sein. Im Traum erschien ihm ein Engel, der sprach: »*Pax tibi, Marce Evangelista. Hic requiescet corpus tuum.*« (Friede sei mit dir, Evangelist Markus. Hier wird dereinst dein Körper ruhen.) Gleichsam als Bestätigung wurden diese Worte während der folgenden tausend Jahre wiederholt in Stein gemeißelt. Die erste, 832 geweihte Markuskirche brannte während der Revolte von 976 nieder. Sie wurde durch das prächtige Gebäude ersetzt, das hinter der Steinverkleidung heute noch sichtbar ist. Das Gotteshaus wurde 1094 als Privatkapelle des Dogen eingeweiht, war aber in Wirklichkeit die »Paradekirche« der Stadt, in der alle Dogen die Krone empfingen und viele auch beigesetzt wurden. Nach dem Fall der Republik erhob Napoleon 1807 die Markuskirche zur Kathedrale.

Die vier Bronzepferde

Die einzige Quadriga, die noch aus dem klassischen Altertum stammt, brachten die Venezianer 1204 vom Hippodrom in Konstantinopel hierher. Napoleon nahm die Pferde 1797 mit nach Paris. Im Jahre 1815, das das endgültige Ende seiner

Basilica di San Marco

Herrschaft markierte, wurden sie zurückgegeben. Auf dem Markusplatz stehen heute Kopien. Um sie vor Umwelteinflüssen zu schützen, stellte man die Originale ins

Museo Marciano
Dieses Museum (hinter der Tonasse) umfaßt vier Räume.

Gotische Skulpturen
Die Werke, auf die man den besten Blick von der Galerie aus hat, wurden im Jahre 1358 begonnen und im 15. Jh. vollendet.

Vergoldete Türme
Jeder birgt eine Statue, darunter die vier Evangelisten.

Mosaiken
Das schönste und einzige im Original erhaltene Mosaik befindet sich über der linken Tür. Es zeigt die Überführung des Leichnams von St. Markus in die Basilika des 13. Jh.

ZWEITE TÜR:
Der Magistrat betet vor dem Leichnam des hl. Markus (Sebastiano Ricci, 1718).

MITTELTÜR:
Das Jüngste Gericht (1836).

VIERTE TÜR:
Venedig feiert die Ankunft der sterblichen Überreste des Apostels Markus.

FÜNFTE TÜR:
Leichnam des hl. Markus wird aus Alexandria abtransportiert.

Obere Mosaiken
Kreuzabnahme
Abstieg zur Hölle
Auferstehung
Himmelfahrt

Basreliefs
Herkules trägt den erymantheischen Eber (römisch)
St. Demetrius (byzantinisch)
Herkules und Hydra
Hl. Georg
Gottesmutter
Erzengel Gabriel

Die Mittelbögen
Die herrlichen Skulpturen entstanden zwischen 1235 und 1265.

Basilica di San Marco

Zen-Kapelle
Diese Kapelle war früher der Raum hinter dem Haupteingang (von der Lagune her). Kardinal Zen beschloß jedoch, für sich in der Basilika eine Gedenkkapelle zu errichten. Dafür gab es jedoch keinen Platz. Der Kardinal war aber der Neffe des aus Venedig stammenden Papstes Paul II. und hatte, was noch schwerer wog, der Republik ein ansehnliches Erbe vermacht – allerdings unter der Bedingung, daß man ihm seinen Wunsch erfüllte. Die Republik, die stets knapp bei Kasse war, schloß kurzerhand den Haupteingang, damit sie in den Genuß dieses Erbes kommen konnte.

Pietra del Bando
Von diesem Porphyrsockel aus, der aus Acre stammt, wurden früher Dekrete der Republik verkündet.

Porta dei Fiori
Auf der »Blumentür« sind Christi Geburt, Engel, Blumen und Propheten (13. Jh.) dargestellt.

Sarkophag
Hier ruht Daniele Manin, der 1848 den Aufstand gegen die Österreicher anführte. Die kurzlebige Republik wurde ein Jahr später in die Knie gezwungen.

Byzantinische Madonna
Für all diejenigen, die später auf

Basilica di San Marco

der Piazza hingerichtet werden sollten, zündete man früher schwarze Kerzen zu beiden Seiten der Gottesmutter an.

Tetrarchen
In Venedig erzählt man sich, daß es sich hierbei um vier Ausländer handle, die zu Stein wurden, weil sie sich am Kirchenschatz vergriffen hatten. In Wirklichkeit aber entwendeten die Venezianer die im 4. Jh. in Ägypten geschaffene Skulptur aus der Stadt Konstantinopel. Dargestellt sind neben dem Kaiser Diokletian seine drei Mitregenten.

Pilastri Acritani
Die beiden Säulen wurden wahrscheinlich 1256 aus Acre hierher gebracht und entstanden vermutlich im 6. Jh. in Syrien.

Die Tugenden
Diese Skulpturen wurden im 15. Jh. von Pietro di Niccolò Lamberti geschaffen.

Basrelief
Der Triumphwagen, auf dem Alexander der Große in den Himmel fährt, wird von zwei Greifen gezogen.

Papst Johannes XXIII.
Im Eingang befindet sich eine Büste des ehemaligen Patriarchen von Venedig, Angelo Roncalli.

Basilica di San Marco

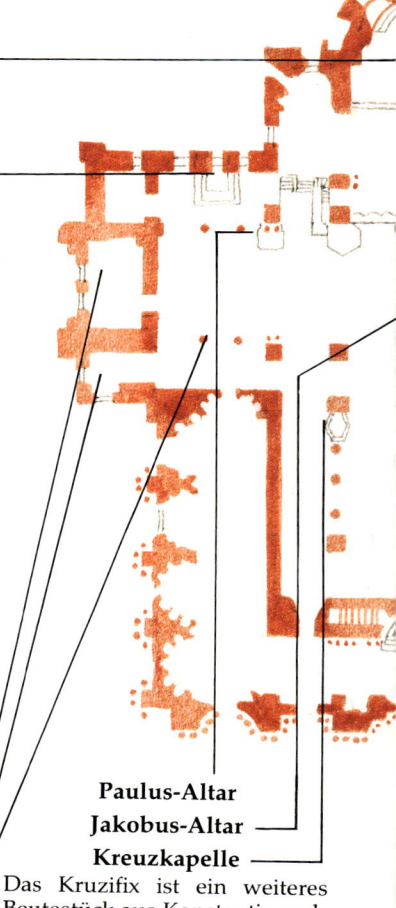

Pala d'Oro
Der älteste Teil des goldenen Altaraufsatzes wurde 978 in Konstantinopel bestellt. Boninsegna, der letzte Künstler, der daran arbeitete, signierte das Werk 1342. Den Altar zieren 1300 Perlen, 300 Saphire, 15 Rubine, 90 Amethyste, 400 Granate, 75 Balasrubine, 4 Topase und 2 Kameen. Unterhalb der Zentralfigur des Pantokrators die Jungfrau Maria und Kaiserin Irene.

Kapelle der Madonna von Nicopeia
Die byzantinischen Kaiser pflegten die Ikone als Talisman mit in die Schlacht zu führen – Nicopeia bedeutet nämlich soviel wie »Siegbringer«. 1204 verhalf die Madonna jedoch den Venezianern zum Sieg, auf den die Plünderung von Byzanz und der Transport des Talismans nach Venedig folgten. 1979 brachen Diebe die Juwelen heraus, aber ihr »Triumph« war nur kurz.

Kapelle des hl. Isidor
1125 wurden die Reliquien des Heiligen von der Insel Chios hierher verbracht, wovon auch die Mosaiken berichten.

Kapelle der Madonna dei Mascoli
Sie ist nach einer Männern vorbehaltenen Bruderschaft des 17. Jh. benannt.

Romanisches Weihwasserbecken

Paulus-Altar
Jakobus-Altar
Kreuzkapelle
Das Kruzifix ist ein weiteres Beutestück aus Konstantinopel.

Ikonostase
8 Marmorpfeiler trennen Schiff und Altarraum und tragen Statuen der Jungfrau Maria, des Evangelisten Markus und der zwölf Apostel (um 1394).

Basilica di San Marco

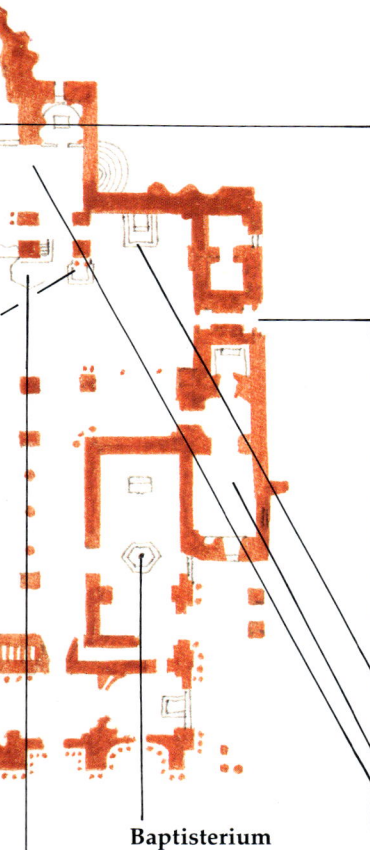

Sarkophag des hl. Markus
Viele sind der Meinung, daß der Leichnam des Stadtpatrons dem Feuer von 976 zum Opfer fiel. Er war 1094 tatsächlich unauffindbar, und der Doge Vitale Falier startete eine große Suchaktion. Am 25. Juni hat sich dabei ein kleines Wunder ereignet. Während man inbrünstig um die Auffindung des Verstecks betete, wackelte plötzlich das Gebäude und Steine fielen. Der Arm des Heiligen kam hinter einem nahe den Sakramentsaltar stehenden Pfeiler zum Vorschein. Ein Mosaik berichtet von diesem Ereignis, das unter der frommen Bezeichnung »Inventio« (die Auffindung) in die Annalen einging.

Dogentür
Der Eingang ist gewöhnlich geschlossen.

Sakramentsaltar

Schatzkammer
Mit Ausnahme des sog. Throns des hl. Markus (um 630) und des Thronsessels der Dogen (um 1500) stammen die meisten byzantinischen Exponate von der Plünderung Konstantinopels. Einige der kostbarsten Objekte nahm Napoleon 1797 bei der Plünderung Venedigs an sich und ließ sie anschließend einschmelzen.

Baptisterium
Sansovino entwarf den Taufstein um 1545. Gegenüber dem Eingang befindet sich der Sarkophag von Andrea Dandolo, dem letzten Dogen, der in der Markuskirche beigesetzt wurde.

Kanzel
Hier wurde der Doge nach seiner Krönung dem Volk vorgestellt.

Klemens-Kapelle
Zugang zum Altarraum.

Die Mosaiken von San Marco

Einige der Mosaiken, deren älteste um 1071 entstanden, sieht man am besten von der Galerie aus. Nach 1500 arbeiteten die Künstler mit Vorlagen von Malern.

Apsis
Christus als segnender Pantokrator.
Darunter: Vier Heilige.

Chor
Szenen aus dem Leben des Evangelisten Markus.

Chorkuppel
Leben Christi, vorausgesagt durch die dreizehn Propheten.

Kapelle des hl. Isidor
Das Leben des Heiligen (14. Jh.).

Kapelle der Madonna dei Mascoli
Geburt der Gottesmutter und Darstellung im Tempel von Michele Giambono.
Heimsuchung und Tod Mariens von Jacopo Bellini.

Johanneskuppel
Darstellungen aus dem Leben des Evangelisten.

Moseskuppel
Im 19. Jh. restauriert.

Die drei Josephskuppeln
Ebenfalls restauriert.

Abrahamskuppel
Um 1230.

Bogen
Der trunkene Noah.
Noah und die Sintflut.

Eingang
Die Gottesmutter mit sechs Heiligen.

Bogen
Der Tod Noahs.
Der Turm zu Babel.

Schöpfungskuppel
24 Darstellungen aus der Genesis bis zum Tod Abels.

Zen-Kapelle
Markus schreibt das Evangelium. Petrus stimmt ihm zu. Taufe des hl. Markus in Aquileia. Traum des hl. Markus, usw.

Die Mosaiken von San Marco

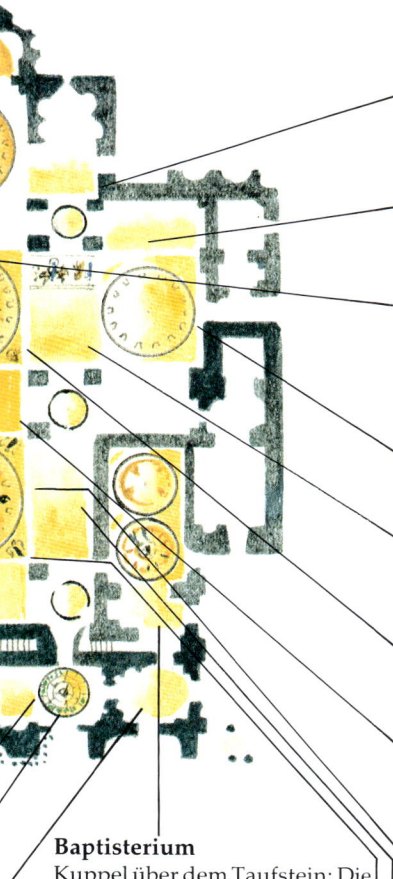

Chor
Der Leichnam des hl. Markus wird von Alexandria nach Venedig gebracht.

Sakramentsnische
Die Auffindung des Leichnams des hl. Markus.
Das Wunder Christi.

Auferstehungskuppel
Christus fährt in den Himmel auf. Darunter stehen Maria, zwei Engel und die 12 Apostel. Zwischen den Fenstern sind die 16 Tugenden dargestellt.

Leonhardskuppel
Die vier Heiligen: Nikolaus, Blasius, Clemens, Leonhard.

Gewölbe
Einzug in Jerusalem. Versuchung Christi. Letztes Abendmahl. Fußwaschung.

Ecken
Die vier Evangelisten und die vier Ströme.

Passionsgeschichte
Judaskuß. Kreuzigung. Drei Frauen am Grab. Ungläubiger Thomas.

Pfingstkuppel
Der geflügelte Heilige Geist erleuchtet die Apostel, die zwischen den sechzehn Fenstern die christliche Lehre unter den Völkern verbreiten.

Rechtes Seitenschiff
Maria und Propheten. Christus im Paradies – Taten der Apostel.

Ecken
Vier große Engel.

Baptisterium
Kuppel über dem Taufstein: Die 12 Apostel taufen 12 Bekehrte; darunter 4 Gelehrte der griechisch-orthodoxen Kirche.
Kuppel über dem Altar: Christus und die 9 himmlischen Chöre.
Das Leben Johannes des Täufers.
Das Festmahl von Herodes und der Tanz Salomes.

Palazzo Ducale

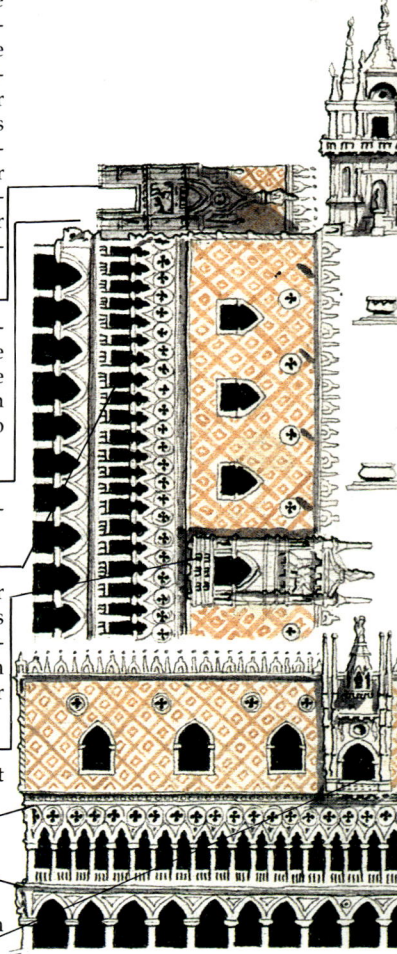

Der Dogenpalast war die offizielle Residenz der 120 Dogen, die Venedig in der Zeit von 802 bis 1797 regierten. Als die der Lagune zugewandte Fassade 1404 fertiggestellt wurde, erhielt der Bau seine heutige Form. Die auf die Piazetta weisende Seite war 20 Jahre später vollendet. Ein verheerendes Feuer im Jahre 1577 machte einen Neubau notwendig. Dafür entwarf Palladio ein griechisch-römisches Gebäude. Aber der Rat faßte den Beschluß, die gotischen Formen beizubehalten.

Porta della Carta
Am Hauptportal wurden früher Dekrete angeschlagen. Die Steinmetzarbeiten führte die Familie Bon aus. Über dem Tor kniet der Doge Francesco Foscari.

Das Urteil Salomos
Pietro Lamberti schuf die Skulptur an der Ecke.

Die »Pfeiler des Todes«
Der neunte und zehnte Pfeiler der Arkadenreihe sind etwas dunkler als die übrigen. Zwischen ihnen wurden bisweilen hingerichtete Verbrecher zur Abschreckung aufgehängt.

Mittelbalkon
Der Doge Andrea Gritti betet vor dem Markuslöwen.

Erzengel Michael

Adam und Eva

Zentralbalkon
Die Statue der Justitia ist ein Werk der Masegnes.

Palazzo Ducale

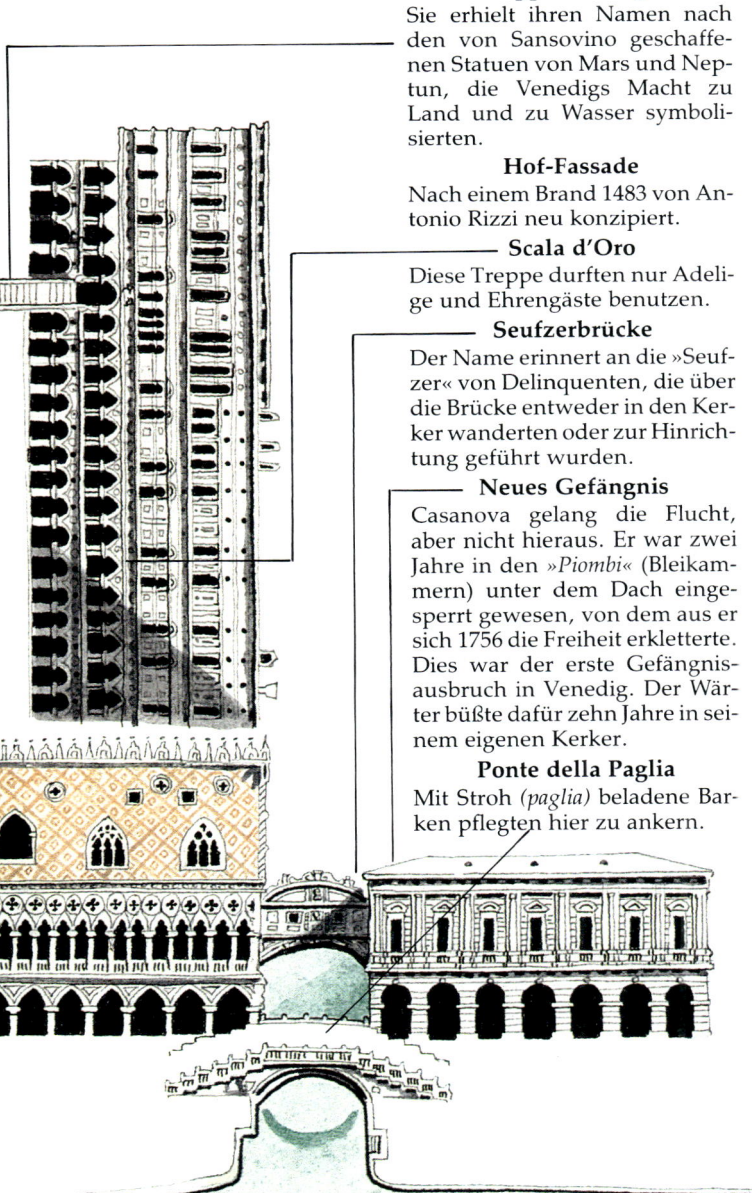

Die Treppe der Giganten
Sie erhielt ihren Namen nach den von Sansovino geschaffenen Statuen von Mars und Neptun, die Venedigs Macht zu Land und zu Wasser symbolisierten.

Hof-Fassade
Nach einem Brand 1483 von Antonio Rizzi neu konzipiert.

Scala d'Oro
Diese Treppe durften nur Adelige und Ehrengäste benutzen.

Seufzerbrücke
Der Name erinnert an die »Seufzer« von Delinquenten, die über die Brücke entweder in den Kerker wanderten oder zur Hinrichtung geführt wurden.

Neues Gefängnis
Casanova gelang die Flucht, aber nicht hieraus. Er war zwei Jahre in den »Piombi« (Bleikammern) unter dem Dach eingesperrt gewesen, von dem aus er sich 1756 die Freiheit erkletterte. Dies war der erste Gefängnisausbruch in Venedig. Der Wärter büßte dafür zehn Jahre in seinem eigenen Kerker.

Ponte della Paglia
Mit Stroh (paglia) beladene Barken pflegten hier zu ankern.

Palazzo Ducale

Scala d'Oro
Sansovino plante die Treppe.
Die vergoldeten Stukkaturen
sind ein Werk von Vittoria.

ZWEITES OBERGESCHOSS
DOGENGEMÄCHER

RAUM 1
Sala degli Scarlatti
Hier versammelten sich die
Würdenträger in ihren schar-
lachroten Roben. Die Decke
wurde von Biagio und Pietro da
Faenza gestaltet, der Kamin
stammt von Lombardi.

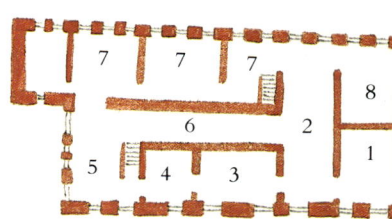

RAUM 2
Sala dello Scudo
Im Vorzimmer zu den Privatge-
mächern wurde der Wappen-
schild *(scudo)* des regierenden
Dogen aufbewahrt. Die Karten
entstanden 1540 und wurden
1762 aktualisiert.

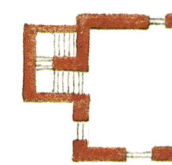

RAUM 3
Sala Grimani
In der Mitte der Decke befindet
sich das Wappen des Dogen Marino Grimani. Den Fries schuf
Vicentino, den Kamin Lom-
bardi.

RAUM 4
Sala Erizzo
Hier befindet sich ein weiterer
Kamin Lombardis. Den plasti-
schen Schmuck, Putten und
Kriegstrophäen schuf Loren-
zetti.

RAUM 5
Sala degli Stucchi
Die Stukkaturen rahmen Bilder
von *Tintoretto* (Heinrich III. von
Frankreich) und *Bassano* (Anbe-
tung der Hirten).

RAUM 6
Sala dei Filosofi
Die Statuen von 12 Philosophen

Palazzo Ducale

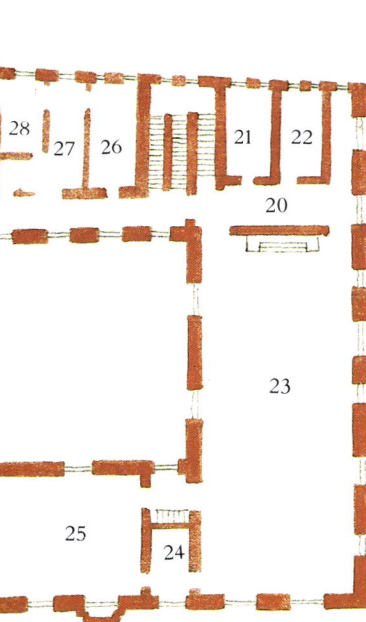

RAUM 8
Wachstube
G. B. Tiepolo: »Venezia und Neptun«

DRITTES OBERGESCHOSS

RAUM 9
Atrio Quadrato
Die Deckengemälde dieser quadratischen Halle schuf *Tintoretto:* Der Doge Girolamo Priuli erhält das Schwert.

RAUM 10
Sala delle Quattro Porte
Das nach seinen vier Türen benannte Vorzimmer zum Senat entstand nach Entwürfen Palladios. *Tizian* malte das Weihebild des Dogen Antonio Grimani. Auf *Tintoretto* geht das Deckenbild (Zeus legt die Herrschaft über die Adria in Venedigs Hände) zurück.

RAUM 11
Anticollegio
Hier warteten die Vornehmen auf eine Audienz beim Rat. *Veronese* malte den »Raub der Europa«, *Tintoretto* die »Hochzeit der Ariadne« und »Minerva entläßt Mars«.

»Die Schmiede des Vulcanus«, »Merkur und die drei Grazien«. *Jacopo Bassano:* »Jakobs Rückkehr nach Kanaan«.
Die Decke schuf Marco del Moro, den Kamin Scamozzi.

sind verschwunden. *Tizian* malte 1524 den heiligen Christophorus.

RAUM 7
Malereimuseum
»Der Löwe von St. Markus« von *Carpaccio* und verschiedene Werke des Malers *Hieronymus Bosch*.

Palazzo Ducale

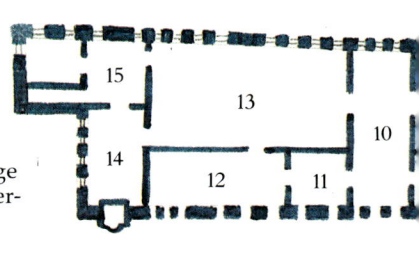

Raum 12
Collegio
Hier versammelte sich der Doge mit den Sechs Weisen, den obersten Vertretern des Rates der Zehn, und dem Kanzler, der stets ein Mann aus dem Volk und kein Adliger war.
Kamin von Campagna.
Veronese:
»Der Doge Sebastiano Venier dankt für den Sieg bei Lepanto«.
Tintoretto:
»Hochzeit der hl. Katharina«,
»Der Doge Niccolò da Ponte beim Gebet vor Maria«,
»Der Doge Alvise Mocenigo dankt für das Ende der Pestepidemie«.

Raum 13
Sala del Senato
Die Decke des Senats ist ein Werk von Cristoforo Sorte, das zentrale Gemälde schuf *Tintoretto* (Der Triumph Venedigs).
HINTER DEM THRON:
»Kreuzabnahme« mit den Dogen Lando und Trevisan.
LINKE WAND:
Palma Giovane:
»Venedig und der Doge Venier nehmen die Huldigung unterworfener Städte entgegen«,
»Der Doge Cicogna beim Gebet«,
»Allegorie«.
RÜCKWAND:
»Die Dogen Lorenzo und Girolamo Priuli beim Gebet«.
Tintoretto:
»Der Doge Loredan beim Gebet«.

Raum 14
La Chiesta
Die Privatkapelle des Dogen.
Sansovino: »Madonna mit Kind«.

Raum 15
Antichiesta

Raum 16
Consiglio dei Dieci
Hier kam der Rat der Zehn (der eigentlich 17 Mitglieder zählte)

Palazzo Ducale

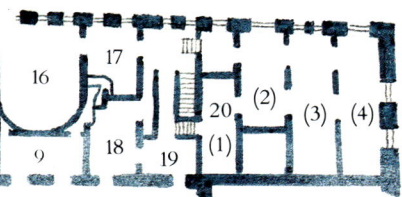

zusammen, um politische Vergehen zu ahnden. Die Amtszeit betrug zwölf Monate.

Veronese:
»Alter Mann im levantinischen Gewand«,
»Zeus schlägt die Laster« (Kopie, das Original befindet sich im Pariser Louvre).
WÄNDE:
Leonardo Bassano:
»Das Treffen zwischen dem Dogen Ziani und Papst Alexander III.«
Aliense:
»Anbetung der Könige«.
Marco Vecellio:
»Papst Clemens VII. und Kaiser Karl V.«

Raum 17
Sala della Bussola
In diesem Raum befindet sich ein »Löwenmaul«, durch das man heimlich denunzieren konnte.
WÄNDE:
Marco Vecellio:
»Der Doge Donato beim Gebet vor Maria«.
Aliense:
»Die Eroberung von Bergamo«, »Die Eroberung von Brescia«.

Raum 18
Sala dei Tre Capi
Die drei Obersten des Rats der Zehn hatten bei Untersuchungen von Aufruhr oder Spionagefällen unumschränkte Vollmachten. Ihr Urteil war endgültig.
Den Kamin schuf Jacopo Sansovino, die Decke *Gianbattista Zelotti* (Der Sieg der Tugend).

Raum 19
Saletta dei Inquisitori
Tintoretto:
»Rückkehr des verlorenen Sohnes« (Kopie).

Waffenraum, siehe S. 90.

Palazzo Ducale

ZWEITES OBERGESCHOSS

RAUM 20
Andito del Maggiore Consiglio
Die Decke stammt von *Domenico Tintoretto*.

RAUM 21
Sala della Quarantia Civil Vecchia
Alter Raum für Zivilverfahren.
Andrea Celeste:
»Moses«.

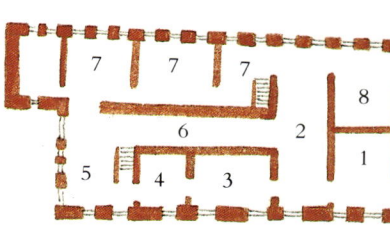

RAUM 22
Sala del Guariento
Hier befinden sich die Überreste von Guarientos großem Gemälde aus dem alten Ratssaal.

RAUM 23
Sala del Maggiore Consiglio
Die riesige Halle war so groß, daß hier alle 1700 Mitglieder des venezianischen Adels Platz finden konnten, die dem Großen Rat angehörten. Das Feuer von 1577 zerstörte die ursprünglichen Gemälde und Fresken, die später ersetzt werden mußten.
Tintoretto:
»Das Paradies« (das größte Ölgemälde der Welt).
DECKE von *Veronese:*

»Die Apotheose von Venedig«.
LINKE WAND (gegenüber dem Thron):
»Das Leben Friedrich Barbarossas« von
Caliari
Bassani
Tintoretto
Andrea Vicentino
Palma Giovane
Paolo dei Franceschi
Federico Zuccari
Girolamo Gambarato
Giulio del Moro
RECHTE WAND:
»Der vierte Kreuzzug« von

Palazzo Ducale

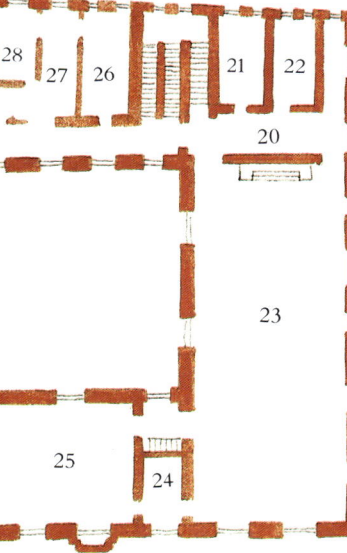

Jean Leclerc
Andrea Vicentino
Tintoretto
Aliense
Palma Giovane
Carlo Saraceni
RÜCKWAND:
Veronese:
»Der Triumph des Dogen Contarini«.

Raum 24
Sala della Quarantia Civil Nuova
Das neue Zivilgericht.

Raum 25
Sala dello Scrutinio
Hier wurden die Wahlen vorbereitet und die Ergebnisse geprüft.
ÜBER DEM THRON:
Palma Giovane:
»Das Jüngste Gericht«.
RECHTE WAND:
Andrea Vicentino:
»Die Verteidigung gegen Pippin«.
Sante Peranda:
»Die Schlacht von Jaffa«.
Aliense:
»Die Eroberung von Tyros«.
Marco Vecellio:
»Die Niederlage Rüdigers II. von Sizilien«.
LINKE WAND:
Tintoretto:
»Die Venezianer bei Zara«.
Andrea Vicentino:
»Die Eroberung von Cattaro«, »Die Schlacht von Lepanto«.
Pietro Liberi:
»Sieg bei den Dardanellen«.
Der Triumphbogen wurde 1694 zu Ehren von Francesco Morosini errichtet.
Ein Fries, der alle 120 Dogen darstellt, zieht sich vom großen Ratssaal in diesen Raum.

Raum 26
Privatgemächer
G. B. Tiepolo:
»Venedig und Neptun«.

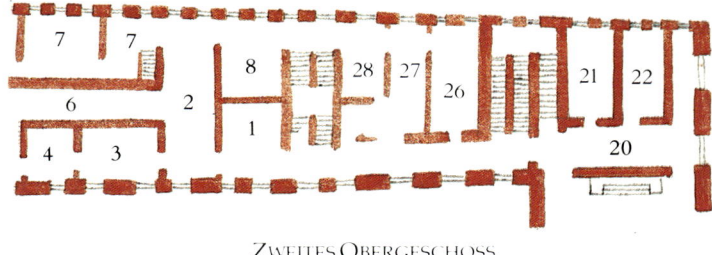

Zweites Obergeschoss

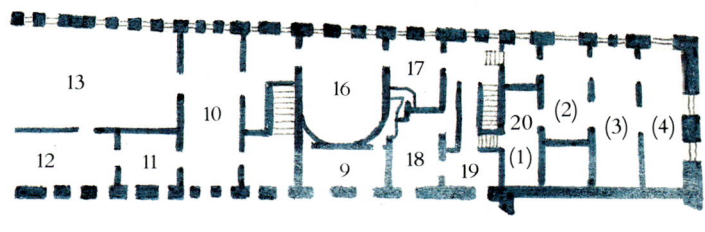

Drittes Obergeschoss

Raum 27
Statuen von Adam und Eva von *Rizzio*.

Raum 28
Giovanni Bellini: »Pietà«.

Waffenraum
Hier ist eine Sammlung der Zeremonialwaffen der Mitglieder des Rates der Zehn ausgestellt, außerdem Beutegut und Geschenke an die Republik. Insgesamt sieht man um die 2000 Exponate.

Raum 1
Die Rüstung von Erasmo Gattamelata.

Raum 2
Die in Venedig gefertigte Rüstung Heinrichs IV. von Frankreich und eine türkische Standarte aus der Schlacht von Lepanto.

Raum 3
Morosini-Zimmer.

Raum 4
Feuerwaffen.

Atlas

Ferrovia S. Lucia

Die hl. Lucia starb 304 in Syrakus den Märtyrertod. Ihre sterblichen Überreste wurden nach Konstantinopel gebracht. Dort entdeckten sie die Venezianer im Jahre 1204 und überführten sie hierher. Palladio errichtete für die Heilige eine Kirche, die jedoch 1863 der Eisenbahnstation weichen mußte. Der Leichnam wurde damals in die nahe gelegene S.-Geremia-Kirche (S. 22) gebracht. Vor kurzem fiel er in die Hände von Dieben, konnte aber mittlerweile wieder aufgefunden werden. Dies ist der zweite nach St. Lucia benannte Bahnhof. Er entstand 1955.

Giardino Papadopoli

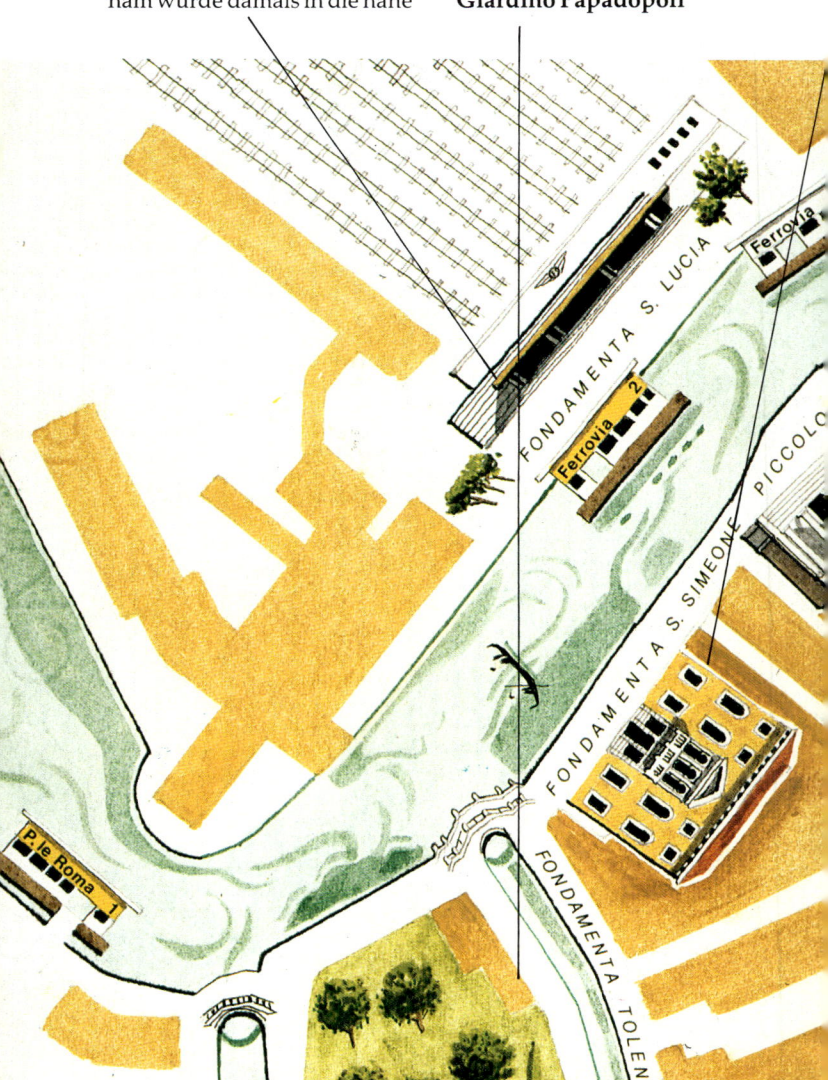

Ca' Diedo

Ca' Cappello

S. Simeone Piccolo
Beschrieben auf S. 17.

S. Simeone Grande
Die kleine Kirche wird auch
»S. Simeone Profeta« genannt.
Hier befindet sich Tintorettos
Letztes Abendmahl und ein Al-
taraufsatz von Palma Giovane
(Darstellung im Tempel). Älte-
stes Kunstwerk ist ein Bild von
S. Simeone von Marco Romano
(um 1318).

S. Giacomo dell'Orio

Der Grundstein für die reizvolle Kirche wurde im 9. Jh. gelegt. Sie besitzt eine schöne Decke, Marmorsäulen aus Byzanz und eine Sammlung mit Bildern von Veronese, Lotto und Palma Giovane. Öffnungszeiten: 7.30–12.00 und 17.00–20.30.

Traghetto S. Marcuola

S. Zan Degola

Auf venezianisch bedeutet dies »Johannes der Enthauptete«. Die einst Johannes dem Täufer geweihte Kirche ist heute profaniert und wird für Konzerte genutzt. Einige der aus dem 11. Jh. stammenden Wandbilder wurden nach S. Giacomo dell'Orio verbracht, andere müssen noch restauriert werden.

Verre da Pozzo

Die Venezianer waren zwar rings von Wasser umgeben, konnten dieses aber nicht als Trinkwasser verwenden. Deshalb fingen sie in derartigen Brunnen Regenwasser auf. Es gab früher an die 600 solcher Zisternen. Das Wasser rann an den Seitenwänden hinunter und wurde durch eine Schicht aus Kies und Sand gefiltert. Ein Beamter öffnete zweimal am Tag die eisernen Deckel. Als Alternative zu diesem Brunnenwasser gab es noch das zu einem hohen Preis herbeigeschaffte Brenta-Wasser.

Ca' Sanudo

Das Heim von Marin Sanudo, einem Chronisten des 16. Jh.

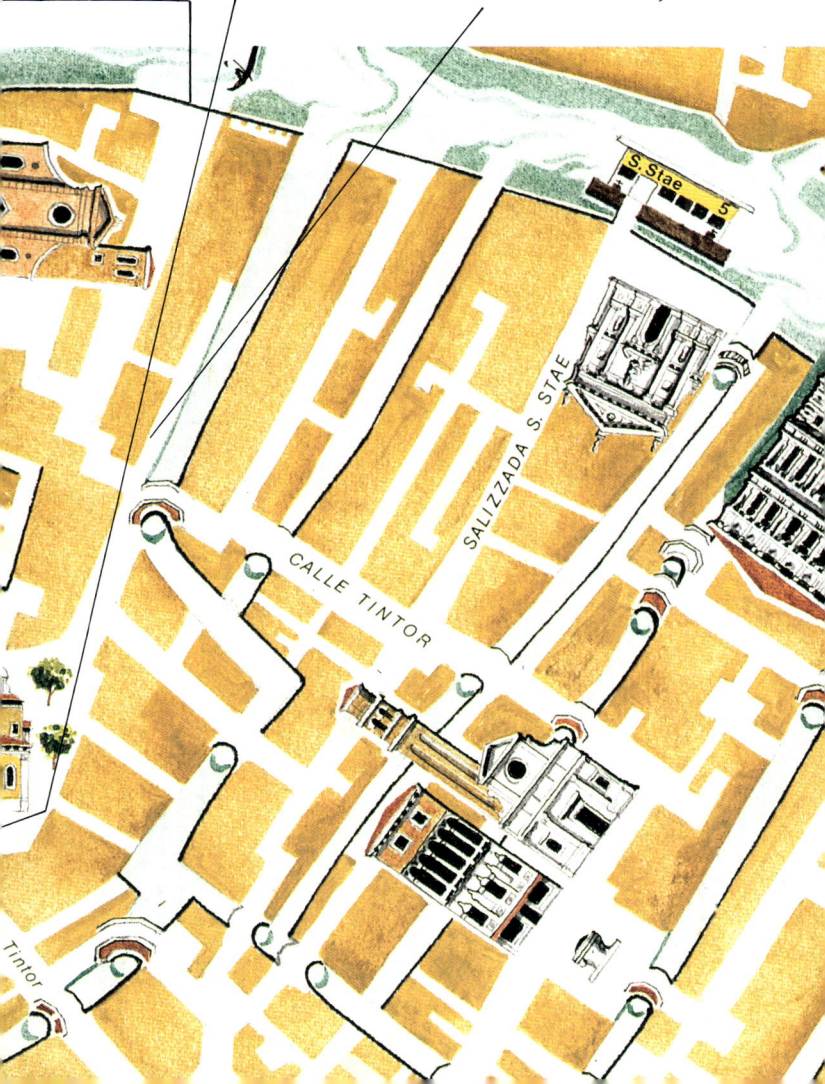

Ca' Pesaro
Öffnungszeiten siehe S. 30.

S. Maria Mater Domini
Die oft geschlossene Renaissancekirche birgt ein aus dem 12. Jh. stammendes byzantinisches Madonnenrelief und ein Bild der hl. Christina von Vincenzo Catena (um 1520).

Ponte delle Tette
Der Chronist Marin Sanudo vermerkt, daß es in Venedig zu Beginn des 16. Jh. 11 654 registrierte Kurtisanen gab. Ihnen machten jedoch die vom Festland kommenden Transvestiten starke Konkurrenz. Zur Förderung der Heterosexualität gestattete das Gesetz jedoch den Damen, mit entblößten Brüsten an dem

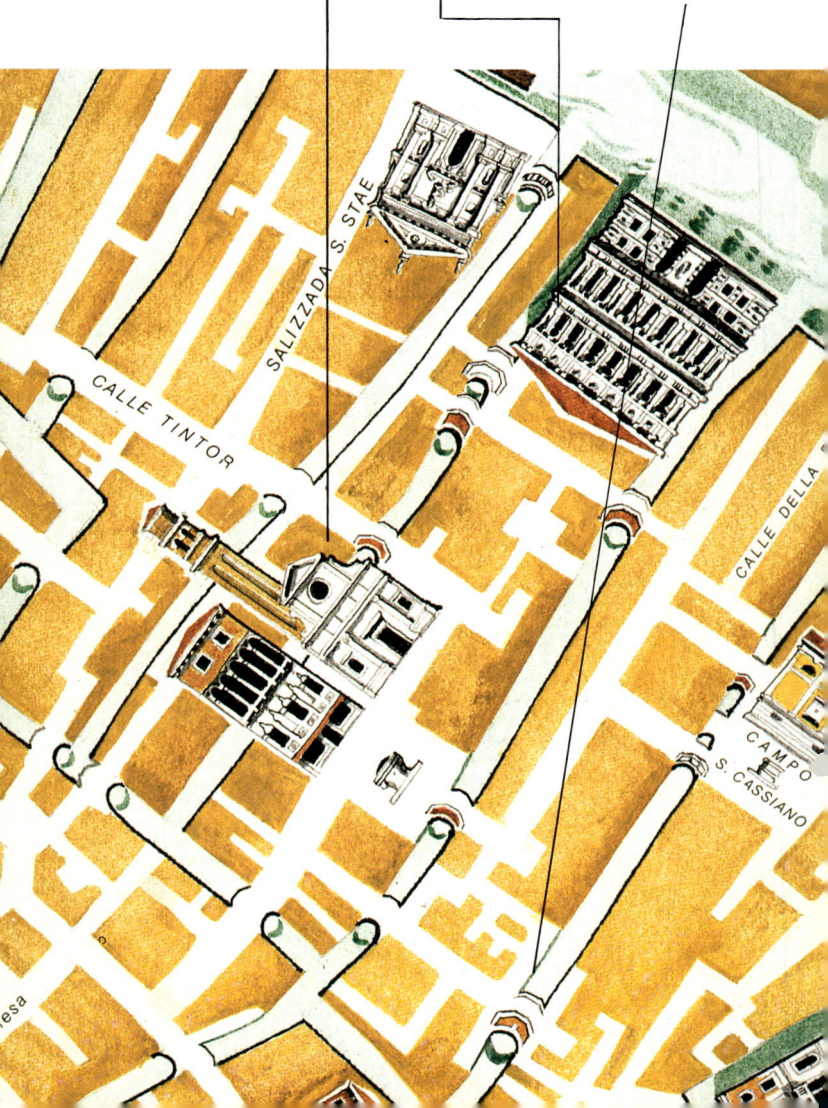

Platz um Kundschaft zu werben, der unter dem Namen Ponte und Fondamenta delle Tette bekannt wurde.

S. Cassiano
Der eher grobschlächtige Bau birgt Tintorettos Kreuzigung.

Banco Giro
Nachdem 96 Privatbanken ihren Verpflichtungen nicht nachkommen konnten, verbot man sie im Jahre 1587. Man war der Überzeugung, daß eine Staatsbank ein geeigneteres Instrument zur Deckung öffentlicher Schulden sei. Mit garantierten Zinsen konnten Anleger Papiere auf Dritte übertragen *(giro)* und dabei Profit machen.

Scuola Grande di S. Rocco

Im Jahre 1564 wurden die venezianischen Künstler aufgerufen, sich mit Zeichnungen um die Ausschmückung der Scuola zu bewerben. Heimlich malte Tintoretto ein ganzes Deckenpaneel und schmuggelte es hinein. Sehr zum Leidwesen seiner Mitbewerber gewann er so einen Auftrag, der sich über 23 Jahre hinziehen sollte. Sein 50 Bilder umfassender Zyklus hat das Gebäude zu einem Denkmal für ihn werden lassen.
Öffnungszeiten: 9.00–13.00, 15.30–18.30.

Frari

Grundrißplan auf der folgenden Doppelseite.

S. Rocco

Die Venezianer entwendeten die sterblichen Überreste des französischen Heiligen Rochus in Montpellier, da sie glaubten, sich so vor der Pest schützen zu können. Eine erste dem Heiligen geweihte Kirche öffnete 1489 ihre Pforten. Nachdem weitere Epidemien die Republik heimgesucht hatten, entstand 1725 eine neue Kirche (die Fassade ist von 1771). Für das Innere schuf Tintoretto 4 Bilder des hl. Rochus.

Archivio di Stato

In einem 300 Räume umfassenden ehemaligen Franziskanerkloster liegen in endlosen Regalreihen die Dokumente aus 1000 Jahren Geschichte.

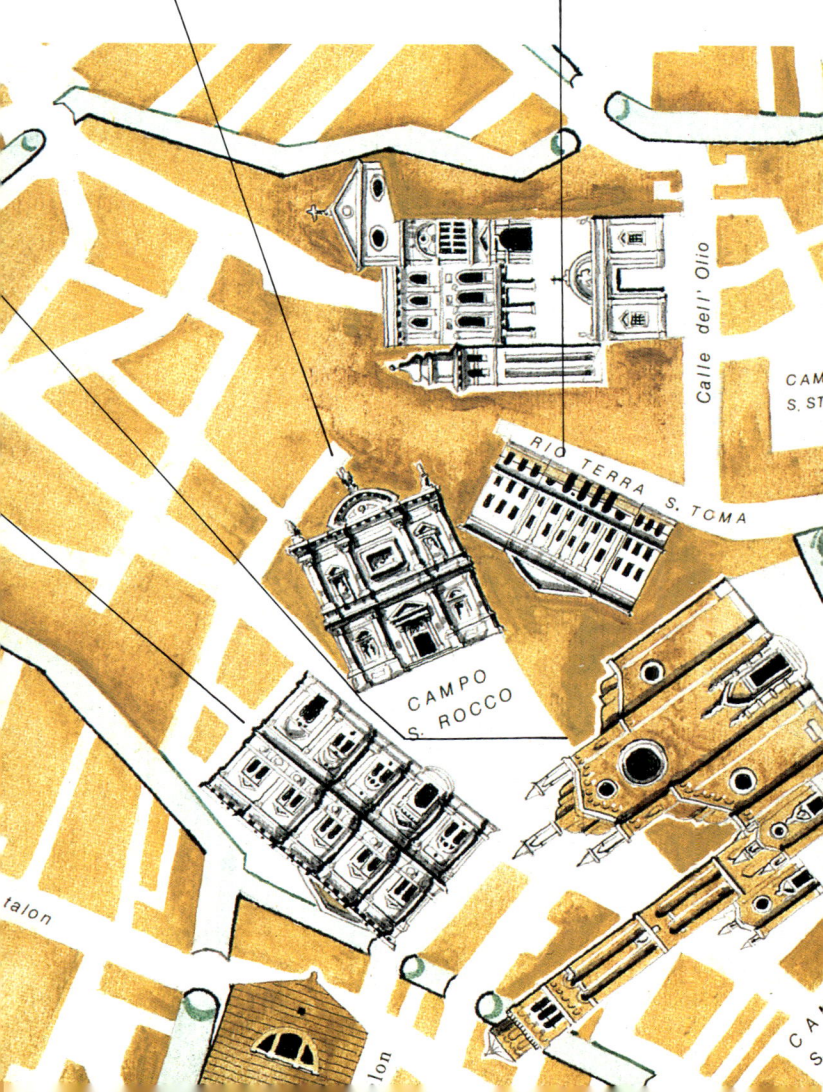

I Frari

Nach hundertjähriger Bauzeit war die Kirche S. Maria Gloriosa dei Frari im Oktober 1338 endlich vollendet. Man entschloß sich jedoch, den Bau wieder abzureißen und etwas noch Großartigeres zu schaffen. Der neue Bau wurde 1492 eingeweiht.

Markuskapelle
Triptychon von *Bartolomeo Vivarini* aus dem Jahr 1474.

Kapelle der Milanesen
Alvise Vivarini begann das Altarbild, das nach seinem Tod von *Marco Basaiti* vollendet wurde.

Franziskus-Kapelle
Bernardino Licinio schuf das Altarbild »Maria mit Franziskanermönchen«.

Peterskapelle
Der Altaraufsatz entstand in der Schule von dalle Masegne.

Pesaro-Grabmal
Jacopo Pesaro ließ es bereits zu seinen Lebzeiten von den Gebrüdern Lombardo fertigstellen, damit er es noch begutachten konnte.

Tizian

Ca' Pesaro Madonna
Das zwischen 1519 und 1526 gemalte Bild war eine Auftragsarbeit von Bischof Jacopo Pesaro, der auf der rechten Seite kniet.

Grabmal des Dogen Pesaro
Eine Arbeit von Longhena.

Canova-Grabmal
Als Canova das Denkmal für Tizian 1794 entwarf, war kein Geld dafür vorhanden, und die Republik stand kurz vor dem Zusammenbruch. Als er 1827 starb, wurde der Plan mit Hilfe zahlreicher Spenden, die aus ganz Europa kamen, doch noch realisiert.

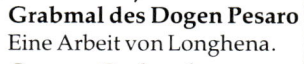

I Frari

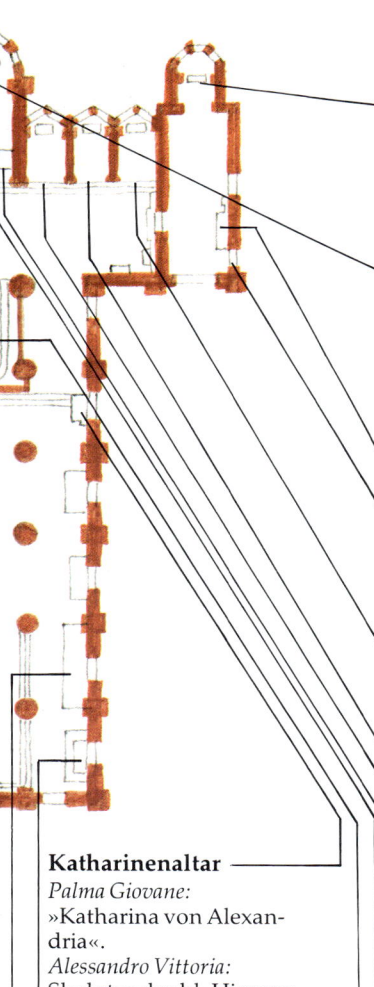

Giovanni Bellini:
»Die Gottesmutter thront zwischen Heiligen«, ein Meisterwerk.
Frangipane:
»Pietà«.
Tizian
Die Himmelfahrt
1518 war dies ein revolutionäres Werk. Tizian hatte damit das Theater in die Kirche geholt, und die Mönche verweigerten zunächst die Annahme.
Reliquienaltar
Ein Werk von Cabianca (1711).
Grab des Dogen Dandolo
Die Lünette ist ein Werk von
Paolo Veneziano:
»Madonna mit Kind und Heiligen«.
Bernhardskapelle
Bartolomeo Vivarini:
»Jungfrau mit Kind und Heiligen«.
Sakramentskapelle
Johanneskapelle
Eine Holzskulptur von
Donatello:
»Johannes der Täufer«.
Grabmal des Dogen Foscari
Ein Werk von Antonio Bregno (1457).
Grabmal des Dogen Tron
Ein Werk von Antonio Rizzo (1476).
Der Chor
Die Holzschnitzereien sind ein Werk der Familie Cozzi (um 1468).

Katharinenaltar
Palma Giovane:
»Katharina von Alexandria«.
Alessandro Vittoria:
Skulptur des hl. Hieronymus.
Antoniusaltar
Gemälde von F. Rosa.
Tizian-Grabmal
Schöpfung aus der Mitte des 19. Jh.

S. Giovanni Evangelista

Die Kirche aus dem 15. Jh. wurde während des 16. und 17. Jh. erneuert.

Scuola S. Giovanni

Das Gebäude besitzt eine schöne doppelläufige Treppe von Mauro Coducci (1498), die unter einem Tonnengewölbe zum Salon hinaufführt. Die Scuola ist heute Ausstellungszentrum und beherbergt eine Galerie.

Ca' Centani-Goldoni

Carlo Goldoni, Venedigs berühmtester Dramatiker, wurde 1701 in diesem Haus geboren. Seine insgesamt 136 Stücke entstanden hier, wo sich heute ein Theatermuseum befindet. Der Eingang liegt am oberen Ende der Treppe, der Eintritt ist frei. Öffnungszeiten: 8.30–13.30. Sonntag geschlossen.

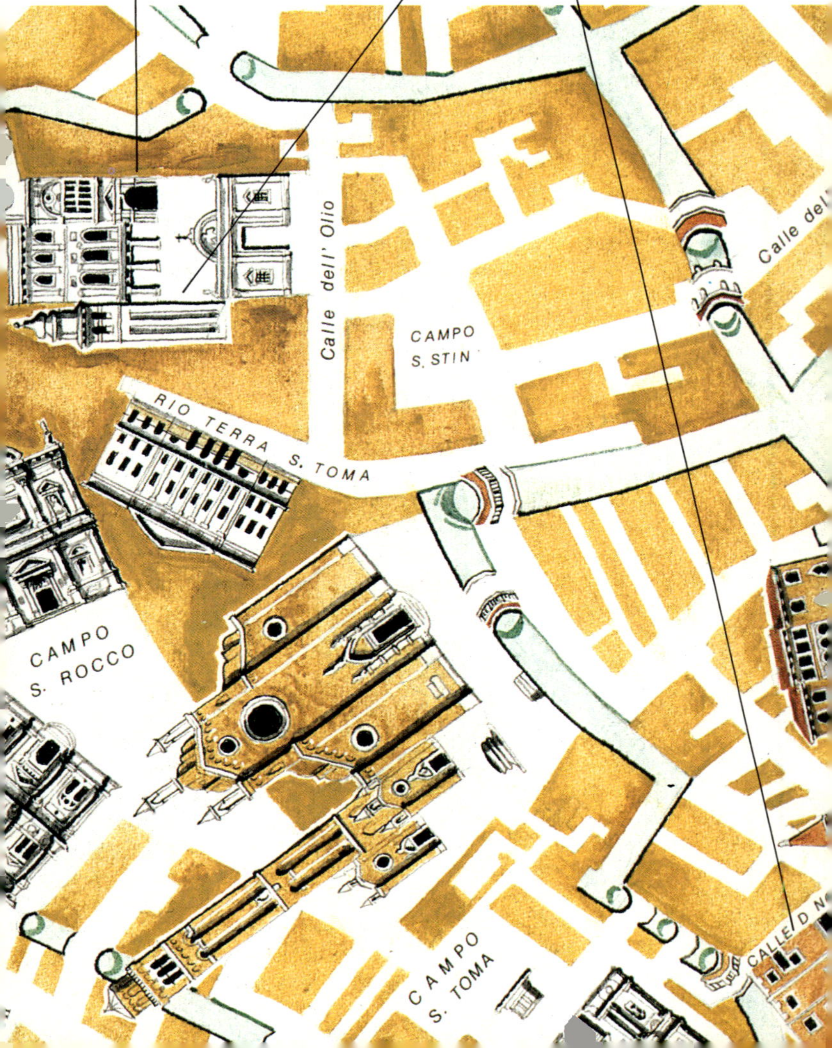

Ca' Michiel-Olivo
Gotisches Gebäude des 15. Jh.

S. Polo
Die Balkendecke des 13. Jh. überspannt Malereien von Tintoretto, Veronese und G. B. Tiepolo (die schönen vierzehn Kreuzwegstationen). Der Campanile entstand um 1362.

Ca' Corner-Mocenigo
Die gelungenere Fassade am Rio S. Polo.

Ca' Soranzo
Casanova sollte als Geiger auf einem Ball in diesem Haus des 14. Jh. spielen. Er verließ es geadelt, als Adoptivsohn eines kranken Senators, dem er geholfen hatte.

Ca' Cappello

Als die adlige Bianca Cappello 1563 mit einem Bankangestellten aus Florenz durchbrannte, war die Stadt so aufgebracht, daß die beiden in Abwesenheit zum Tode verurteilt wurden. In Florenz fand die Dame allerdings heraus, wie arm ihr Mann war. Francesco de' Medici dagegen entdeckte, wie schön die Fremde war. Sie wurde zunächst seine Geliebte und später, nachdem ihr Ehemann unglücklicherweise in einer dunklen Gasse zu Tode gekommen war, seine Gemahlin. Venedig hob sofort die Todesstrafe auf und feierte die »Tochter der Republik«.

S. Aponal
Die Kirche ist heute geschlossen. Über dem Eingang sieht man Bildhauerarbeiten des späten 13. Jh.

S. Silvestro
In der Kirche befinden sich Tintorettos »Taufe Christi« und ein von Girolamo da Santacroce geschaffenes Bild von Thomas Becket.

S. Giovanni Elemosinario
Hier befindet sich Tizians Gemälde des »Hl. Johannes als Almosenspender«.

S. Giacometto
Der Grundstein für die älteste Kirche Venedigs wurde im Jahre 421 gelegt. Das bestehende Gebäude stammt aus dem 11. Jh.

Scuola dei Carmini

Das schöne Deckengemälde in der Halle des Obergeschosses stammt von G. B. Tiepolo und zeigt den hl. Simon Stock, wie er von Maria das Skapulier des Karmeliterordens empfängt. Dabei handelte es sich um zwei durch ein Band verbundene Tuchstreifen, von denen man glaubte, daß sie nach dem Tod die Schmerzen des Fegefeuers lindern würden. Öffnungszeiten: 9.00–1200. 1500–18.00.

Ca' Rezzonico
Öffnungszeiten siehe S. 52.

Scuola dei Varotari
Heute eine Kunstschule.

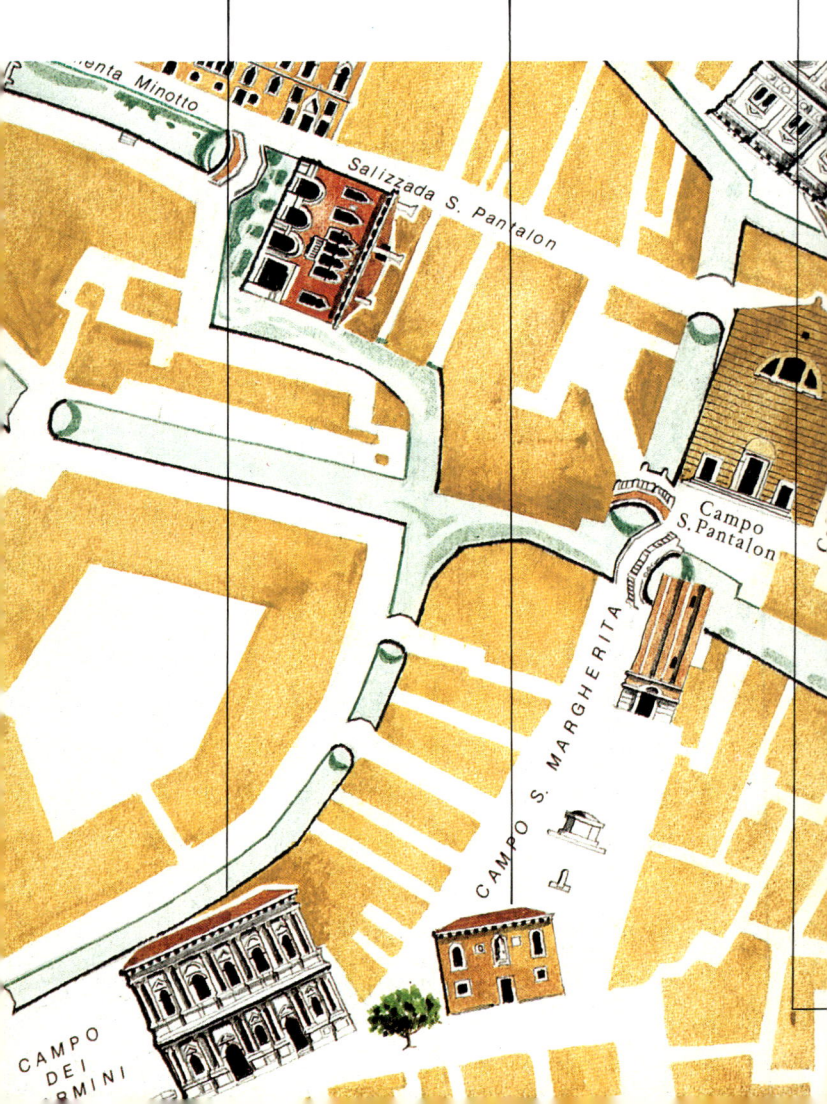

S. Pantalon
Das riesige Deckengemälde zeigt das Martyrium und die Apotheose des hl. Pantalon. Es ist das letzte Werk von Gian Antonio Fumiani. Kurz nachdem er den letzten Pinselstrich getan hatte, stürzte der Meister vom Gerüst. In der zweiten Kapelle auf der rechten Seite befindet sich Veroneses letzte Arbeit.

S. Tomà
Wegen Restaurierungsarbeiten zur Zeit geschlossen.

Vigili del Fuoco
Die Boote der Feuerwehr müssen sich wahrlich nicht über Wasserknappheit beklagen.

Carmine

In der Kirche S. Maria del Carmelo (14. Jh.) befindet sich über dem zweiten rechten Seitenaltar Cima da Coneglianos Gemälde der Anbetung der Hirten. Gegenüber sieht man eines der wenigen Bilder von Lotto, das in Venedig verblieb (St. Nikolaus mit Johannes dem Täufer, St. Lucia und anderen Heiligen). Der im 16. Jh. von Giuseppe Sardi errichtete Campanile wurde 1776 vom Blitz getroffen, während die Mönche die Glocken läuteten. Einer kam um, als er fluchtartig seinen Posten verließ.

Ognissanti.

Heute ein Krankenhaus und deshalb nicht zugänglich.

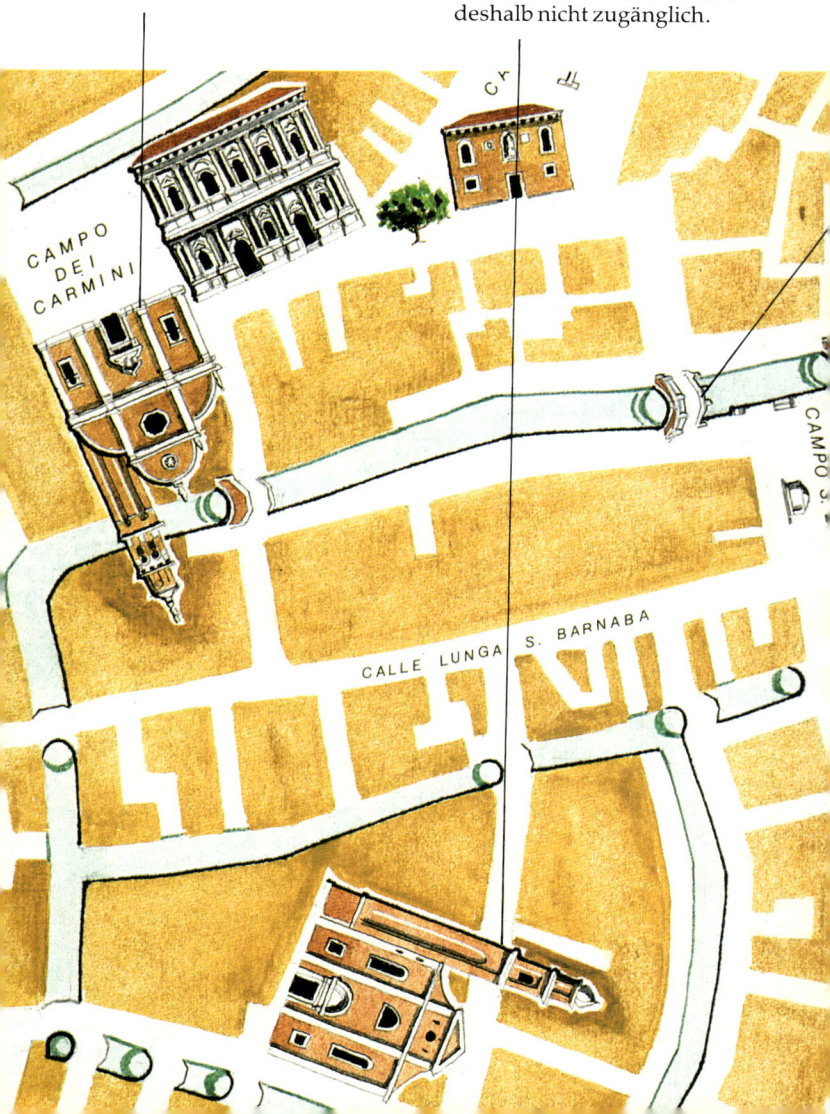

Ponte dei Pugni

Die »Brücke der Fäuste« war einer der Orte, an dem sich die Familien Castellani und Nicolotti regelrechte Straßenkämpfe lieferten. Die vier weißen Fußabdrücke zeigen, wo früher die Kontrahenten standen. Und da es damals das moderne Geländer noch nicht gab, landeten sie bald im Kanal.

S. Barnabà

Während der letzten Tage der Republik war dies die Pfarrkirche vieler verarmter Adliger, die in der Nähe kostenlose Wohnungen erhalten hatten. Die 1776 fertiggestellte Kirche birgt ein Deckenfresko von Costantino Cedini. Der Campanile stammt allerdings aus dem 14. Jh.

S. Trovaso

Das Wort Trovaso entstand aus den beiden Heiligennamen Gervasio und Protasio, deren Kirche zwei Eingänge besitzt und somit »neutraler« Boden für die beiden rivalisierenden Familien Castellani und Nicolotti war. Während einer Hochzeit von Mitgliedern beider Familien kamen die Castellanis durch die südliche Tür, während die Nicolottis die an der Seite des Rio benutzten. Die Kirche birgt Bilder von Palma Giovane und Tintoretto sowie Giambonos Reiterstatue von St. Chrysogonus.

Squero S. Trovaso

Einer der drei letzten in der Stadt verbliebenen Gondelschuppen (squeri).

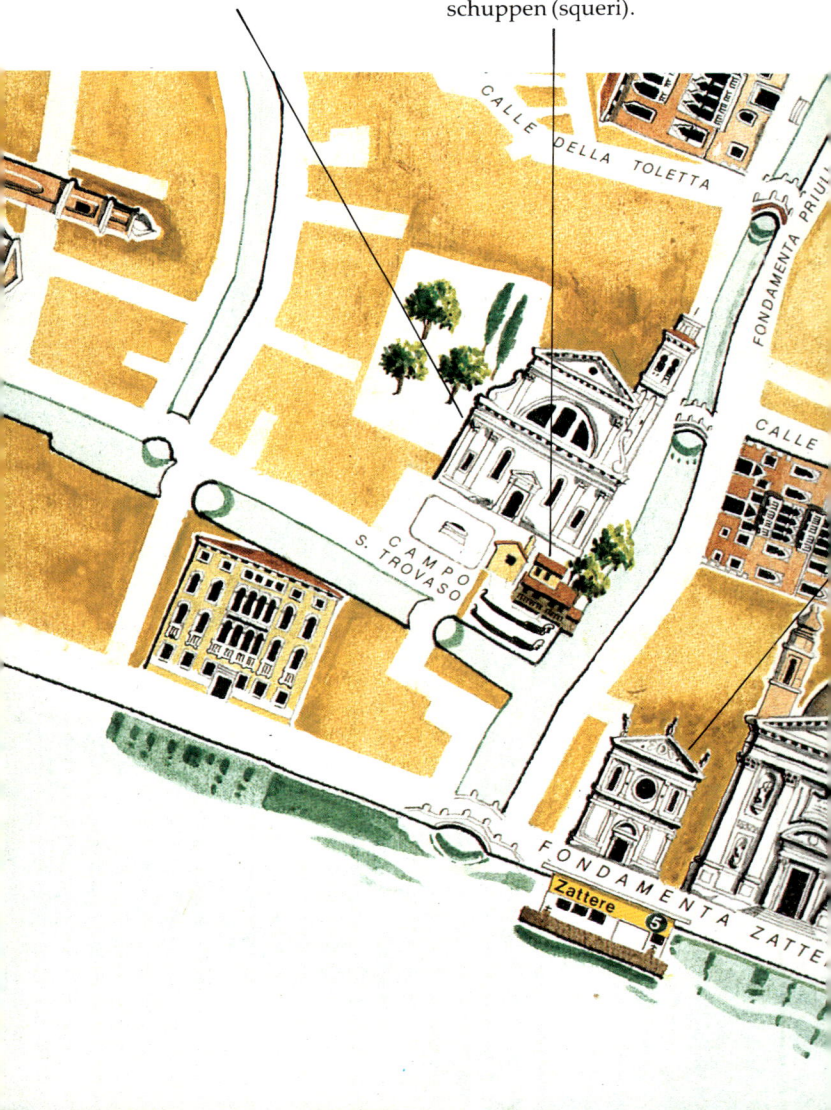

Ca' Nani
Gotisches Gebäude des 15. Jh.

S. Maria della Visitazione
Besitzt eine schöne Kassettendecke.

I Gesuati
Der Orden der »Poveri Gesuati« wurde 1668 aufgehoben. Die Dominikaner, die an ihre Stelle traten, beauftragten Giorgio Massari mit dem Bau dieser Kirche. An Tiepolo fiel der Auftrag für das Deckenfresko und das Bild am ersten rechten Seitenaltar.

S. Agnese

Scuola S. Spirito
Heute Privatgebäude.

S. Spirito
Die 1483 errichtete Kirche ist nur am Sonntag geöffnet.

St. George
Hier finden jeden Sonntag anglikanische Gottesdienste statt.

Traghetto di S. Giglio

Ca' Cenedese
Wenn die Tür des Hauses Nr. 175b offensteht, kann man getrost hineingehen und den Glasbläsern bei der Arbeit zusehen. Der Eintritt ist frei, und es besteht kein Kaufzwang.

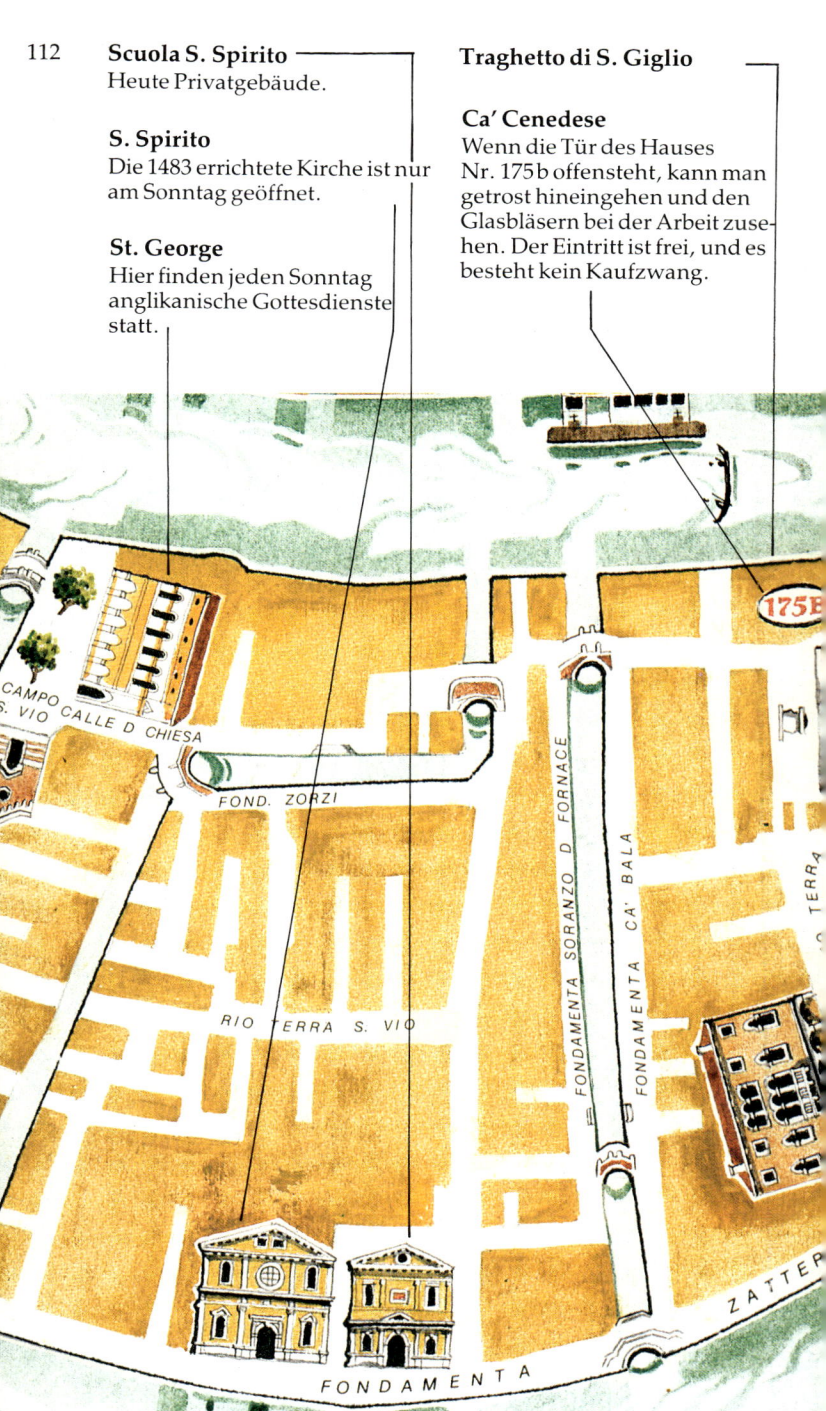

Abbazia S. Gregorio
Das Kloster gehörte zu den ältesten der Stadt, wurde aber unter der Herrschaft Napoleons geschlossen. Heute befindet sich in der Kirche eine Werkstatt für Bildrestaurierungen.

Catecumeni
Nicht zugänglich.

S. Maria della Salute
Tizian malte das in der Sakristei befindliche Altarbild, das den hl. Markus und vier Heilige zeigt, zur Erinnerung an die Pestepidemie, der sein Kollege Giorgione zum Opfer gefallen war. An der Decke drei weitere Gemälde des Meisters. Gegenüber dem Eingang hängt Tintorettos »Hochzeit zu Kanaan«.

Accademia

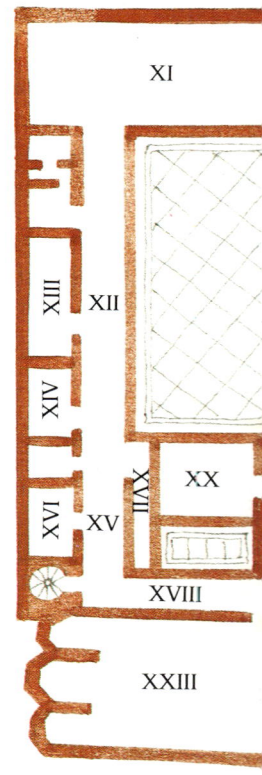

RAUM I
Gotische Malerei aus Venedig
Alvise Vivarini
»Gottvater«
Domenico Campagnola
»Vier Propheten«
Jacobello del Fiore
»Justitia und Erzengel«
»Krönung Mariens«
»Schmerzensmutter«
Paolo Veneziano
»Krönung Mariens« und »Szenen aus dem Leben Jesu und des hl. Franziskus«
»Thronende Gottesmutter«
Lorenzo Veneziano
»Die Heiligen Petrus und Markus«
»Verkündigung und vier Heilige«
»Hochzeit der hl. Katharina«
Polyptychon »Verkündigung«
Jacobello Alberegno
Triptychon »Kreuzigung«
Stefano Veneziano
Polyptychon »Apokalypse«
Jacobello del Fiore
»Krönung Mariens«
»Schmerzensmutter«
Michele Giambono
»Krönung Mariens«
»St. Jakobus und Heilige«
Venezianische Schule
Triptychon »Madonna«
Nicolò di Pietro
»Madonna mit Kind« (1394)
Antonio Vivarini
»Madonna mit Kind«
Michele di Matteo
Polyptychon »Hl. Helena«
Venezianische Schule
»Madonna«
Jacopo Moranzone
Polyptychon »Assunta«
RAUM II
Carpaccio
»Die 10 000 Märtyrer am Berg Ararat«
»Darstellung im Tempel«
Marco Basaiti
»Gebet in Gethsemane«

Accademia

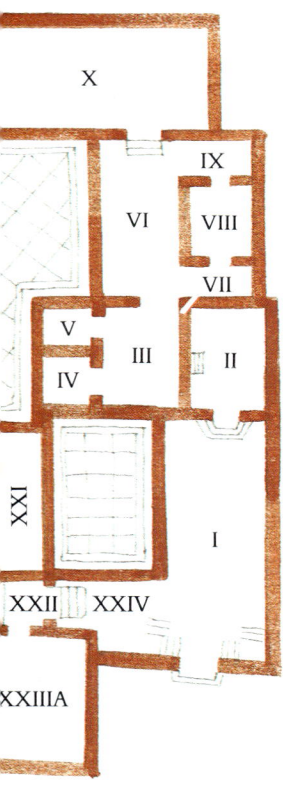

RAUM III

Benedetto Diana
»Madonna mit Kind«

Cima da Conegliano
»Madonna und Heilige«
»Kreuzabnahme«

Giovanni Buonconsiglio
»Drei Heilige«

Bartolomeo Montagna
»Die Gottesmutter mit den Heiligen Sebastian und Hieronymus«

Nachfolger Giorgiones
»Sacra Conversazione«

RAUM IV

Jacopo Bellini
»Madonna mit Kind«

Giovanni Bellini
»Madonna mit Kind zwischen den Heiligen Petrus und Georg«
»Madonna mit Kind und die Heiligen Maria Magdalena und Katharina«
»Madonna mit segnendem Christuskind«

Hans Memling
»Porträt eines jungen Mannes«

Cosmè Tura
»Madonna mit Kind«

Pietro della Francesca
»Der hl. Hieronymus in der Wüste«

Andrea Mantegna
»Der hl. Georg«

RAUM V

Giovanni Bellini
»Der Erlöser«
»Madonna«
»Pietà«
»Madonna mit Kind«

»Berufung der Söhne des Zebedäus«

Giovanni Bellini
»Sacra Conversazione«
»Pietà«

Cima da Conegliano
»Madonna mit Orangenbaum«
»Der ungläubige Thomas«
»Thronende Gottesmutter und Heilige«

Accademia

Giovanni Bellini
»Madonna mit Kind, Johannes der Täufer und Heilige«
»Madonna dei Cherubini Rossi«.
Giorgione
»Alte Frau«
»Der Sturm«
Giorgione hat die venezianische Malerei erneuert. In der Technik ging er von der alten harten Linienführung über zu einer weichen. Wesentlich wichtiger ist jedoch, daß er erstmals mit einer Staffelei arbeitete, die es ermöglichte, auch in Privaträumen zu malen. Ebenso neuartig war seine Themenwahl. Er verherrlichte nicht mehr nur Gott oder den Staat, sondern malte impulsiver, zu seinem eigenen Vergnügen. Die beiden obengenannten Bilder sind die einzigen Werke des Meisters, die in Venedig erhalten blieben. Was er mit dem Bild »Alte Frau« ausdrücken wollte, die ein Stück Papier mit den darauf geschriebenen Worten »*Col Tempo*« (mit der Zeit) festhält, ist klar. Immer noch nicht geklärt ist dagegen die Bedeutung des »Sturms«, der schon den Menschen des 16. Jh. Rätsel aufgab. Vasari beklagte sich, er habe nicht ein einziges von Giorgiones Fresken im Fondaco dei Tedeschi entschlüsseln können und auch niemanden getroffen, dem dies gelungen sei. Da diese Werke nicht mehr existieren, können wir uns kein Urteil erlauben.

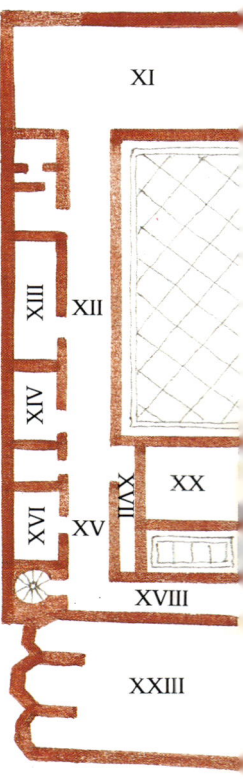

RAUM VI
Paris Bordone
»Übergabe des Ringes des hl. Markus«
Bernardino Licinio
»Porträt einer Dame«
Tintoretto
»Madonna dei Camerlenghi«
Tizian
»Johannes der Täufer«

Accademia

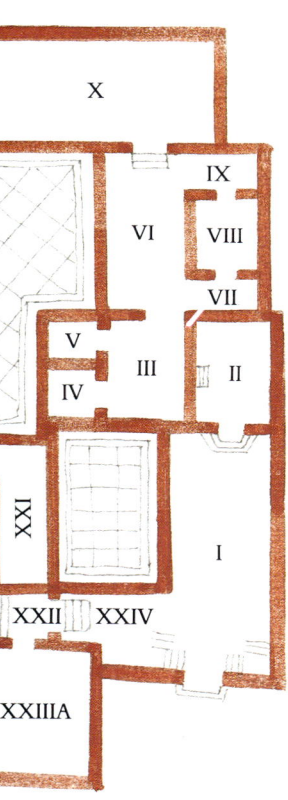

Bonifazio
»Der arme Lazarus«
Palma Vecchio
»Der hl. Petrus und Heilige«
RAUM VII
Lorenzo Lotto
»Edelmann im Studierzimmer«
Bernardino Licinio
»Porträt einer Dame«

Giovanni Cariani
»Porträt«
RAUM VIII
Palma Vecchio
»Sacra Conversazione«
Andrea Previtali
»Kreuzigung«
»Christuskind in der Krippe«
Gerolamo Romanino
»Grablegung«
Rocco Marconi
»Christus und die Ehebrecherin«
Pordenone
»Thronende Gottesmutter«
Bonifazio
Bilder aus der Ca' dei Camerlenghi
Venezianische Schule
»Heimsuchung«

RAUM IX

Sante Zago
»Tobias und der Erzengel«
Tizian
»Evangelistensymbole«
Bonifazio
»Gott Vater und die Piazza«

RAUM X

Tintoretto
»Der heilige Markus befreit einen Sklaven«
»Wunder des hl. Markus«
»Traum des hl. Markus«
»Überführung der sterblichen Überreste des hl. Markus«
»Kreuzigung«

Accademia

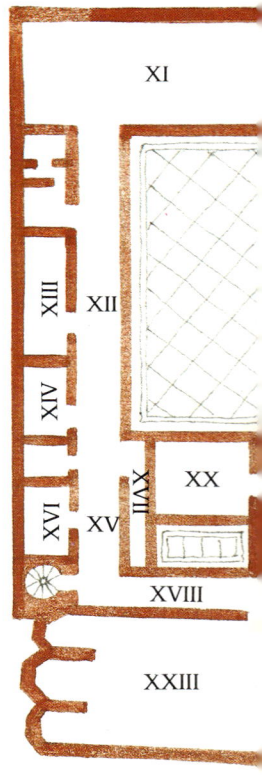

Paolo Veronese
1573 erhielt Paolo Veronese von den Mönchen von SS. Zanipolo den Auftrag zu einem »Letzten Abendmahl«. Man war jedoch mit dem Ergebnis nicht zufrieden, und Veronese mußte sich vor dem Inquisitionsgericht verantworten. »Warum«, wurde er gefragt, »sind auf deinem Bild Hunde und Zwerge? Und was hast du dir dabei gedacht«, fragte man drohend, »Deutsche zu malen?« – was damals gleichbedeutend war mit Protestanten. Veronese konnte sich nur auf die künstlerische Freiheit berufen. Er kam jedoch nicht durch und mußte das Bild auf seine Kosten umändern. Das tat er auch und änderte den Namen: »*Christus im Hause des Levi.*«

Tizian
»Pietà«
»Prokurator Jacopo Soranzo«

RAUM XI

Jacopo Bassano
»Der hl. Hieronymus«

Paolo Veronese
»Allegorie Venedigs« (Decke)
»Thronende Gottesmutter«
»Verkündigung«
»Hochzeit der hl. Katharina«

Luca Giordano
»Kreuzabnahme«
»Kreuzigung des hl. Petrus«

Tintoretto
»Adam und Eva«
»Kain und Abel«
»Schöpfung der Tiere«

Bernardo Strozzi
»Festmahl im Hause des Simon«

G. B. Tiepolo
»St. Helena findet das Kreuz«
Fries: »Eherne Schlange«

Accademia

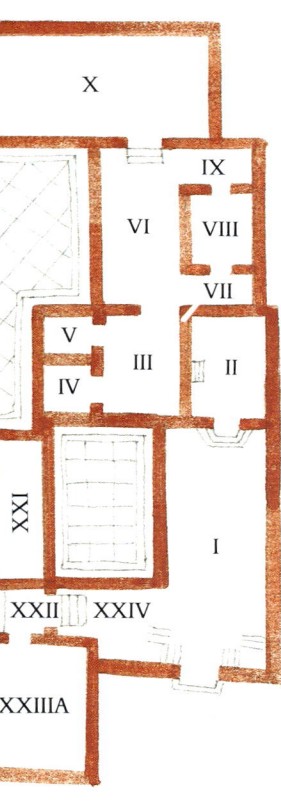

»Der Prokurator Cappello«
Jacopo Bassano
Andrea Schiavone
Palma Giovane

Raum XIV

Jan Lys
»Opfer Isaaks«
Tiberio Tinelli
»Luigi Molin«
Bernardo Strozzi
»Der Doge Francesco Erizzo«
Domenico Fetti
»David«
»Meditation«
»Der gute Samariter«

Raum XV

Giandomenico Tiepolo
»Abraham und die Engel«

Raum XVI

G. B. Tiepolo
»Raub der Europa«

Raum XVI A

G. B. Piazetta
»Wahrsagerin«
Domenico Pellegrini
»Bartolozzi, der Kupferstecher«
Alessandro Longhi
»Tommaso Temanza«
»Allegorie«
Giuseppe Nogari
»Kopf einer alten Frau«
Vittore Ghislandi
(auch **Fra Galgari** genannt)
»Herzog Vailetti«

Raum XII

Francesco Zuccarelli
Giuseppe Zais
Marco Ricci
Landschaften, Bacchanalien und Jagdszenen

Raum XIII

Tintoretto
»Der Doge Alvise Mocenigo«

Accademia

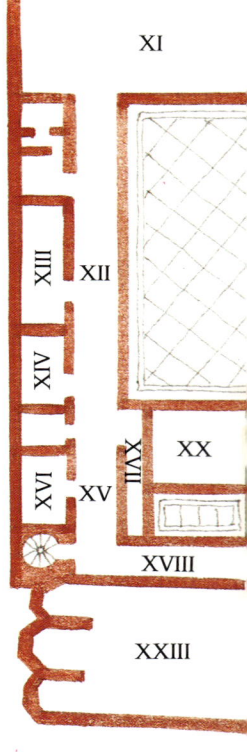

RAUM XVII

Canaletto
»Blick in eine Kolonnade«
Dies ist das einzige Gemälde von Andrea Canal, den man Canaletto nennt, das in Venedig verblieb. Bei seiner Wahl im Jahre 1763 stiftete er es der Accademia.

Bernardo Bellotto
»Scuola di S. Marco«

Francesco Guardi
»Isola di S. Giorgio«
»Feuer in S. Marcuola«

Pietro Longhi
Sechs Szenen aus Venedig

Rosalba Carriera
Sieben Pastellbilder, darunter ein Selbstbildnis

G. B. Tiepolo
»Überführung des Heiligen Hauses von Nazareth nach Loreto«
(Skizze für die zerstörte Scalzi-Decke)

RAUM XVIII

Canova
Statuetten

RAUM XIV

Boccaccio Boccaccino
»Hochzeit der hl. Katharina«

Marco Basaiti
»Der hl. Jakobus«
»Der hl. Antonius«
»Porträt«
»Der Leichnam Christi«
»Der hl. Hieronymus«

Marco Marziale
»Emmausmahl«

Carpaccio
»Hl. Anna und Joachim«

Bartolomeo Montagna
»St. Peter«

Antonello de Saliba
»Christus an der Geißelsäule«

Agostino da Lodi
»Fußwaschung«

Accademia

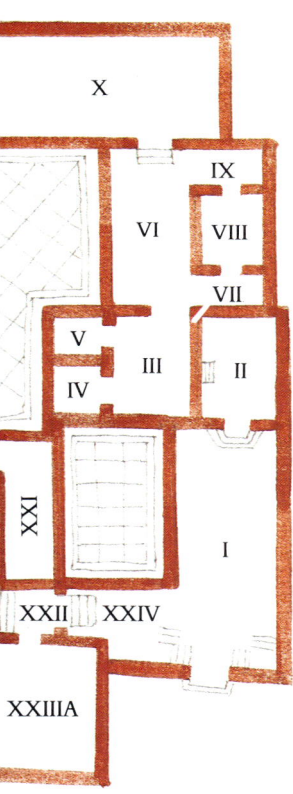

Carpaccio
»Kreuzwunder am Rialto«
Giovanni Mansueti
»Heilung eines kranken Kindes«
»Es gelingt den Mönchen nicht, die Reliquie nach S. Lio zum Begräbnis eines Ungläubigen zu bringen.«
Gentile Bellini
»Bergung der Reliquie aus dem Kanal von S. Lorenzo«
»Heilung des Pietro de' Ludovici«
»Prozession auf der Piazza von S. Marco«
Benedetto Diana
»Rettung eines von der Leiter gestürzten Kindes«
Lazzaro Bastiani
»Filippo de' Masseri bringt die Reliquie in die Scuola die S. Giovanni«

RAUM XXI

Carpaccio
Legende der hl. Ursula
1. Ursula und ihre 11 000 Jungfrauen
2. Die englischen Gesandten halten für Hereus, den Sohn von König Conon, um ihre Hand an
3. Ursula verschiebt die Hochzeit für eine Pilgerreise nach Rom; Bekehrung von Hereus
4. Aufbruch der Gesandten nach England, und König Conon beim Lesen der Bedingungen

RAUM XX

1396 kehrte Filippo de' Masseri mit einem Partikel des Kreuzes aus Jerusalem zurück. Er stiftete die Reliquie der Scuola di S. Giovanni. Dort geschahen bald zahlreiche Wunder, die auf den Bildern bezeugt werden.

Accademia

5. Hereus trifft Ursula beim Verlassen Roms
6. Ursulas Traum, in dem ihr ein Engel das Martyrium ankündigt
7. Ursula, Hereus und die 11 000 Jungfrauen treffen Papst Cyriac
8. Der Papst reist mit der Gesellschaft nach Köln
9. Hunnenmassaker und Begräbnis Ursulas

RAUM XXIII

Lazzaro Bastiani
»Thronende«
»Predigt des hl. Antonius«

Giovanni Bellini
»St. Ursula und vier Heilige«
»Verkündigung«
Polyptychon: »Christi Geburt und St. Sebastian«
Polyptychon: »St. Laurentius und die Gottesmutter«

Bartolomeo Vivarini
»Thronende Gottesmutter«
»Christi Geburt«
»Die Heilige Familie«
»Johannes der Täufer«
»St. Ambrosius und Heilige«
Polyptychon: »Christi Geburt und Heilige«
»Zwei Heilige«
»Madonna und Heilige«

Carlo Crivelli
»Heilige«

Andrea da Murano
Polyptychon: »Die Heiligen Sebastian, Vinzenz, Rochus und Petrus«

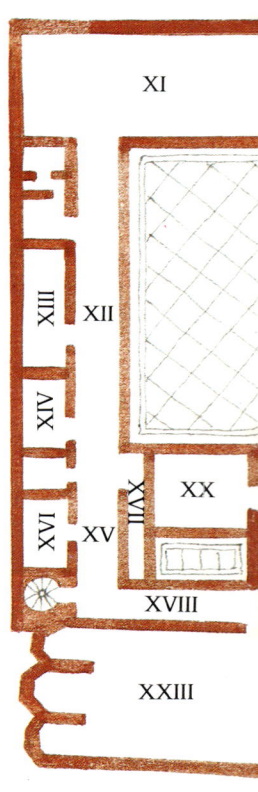

RAUM XXIV

Tizian
»Darstellung Mariens«

Antonio Vivarini

Giovanni d'Alemagna
Triptychon

Montagnana
»Verkündigung«

Accademia

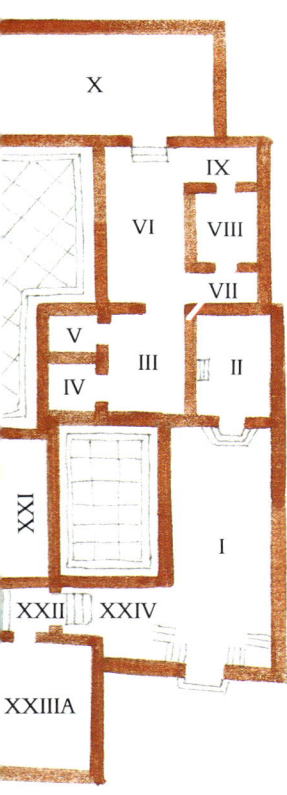

Alexander III.

Man erzählt, daß Papst Alexander III. auf der Flucht vor den Truppen Friedrich Barbarossas incognito nach Venedig gekommen sei. Dort übernachtete er im Sotoportego dalla Madonna (S. 104), wo noch eine Holzplakette an das Ereignis erinnert. Am folgenden Morgen ging er zum Kloster Carità, das früher am Platz der Accademia stand. Dort arbeitete er als Küchenhilfe, bis ihn ein durchreisender römischer Prälat erkannte. Als der Doge und die Bürger Venedigs erfuhren, welch hohen Gast ihre Stadt beherbergte, zogen sie zum Kloster und brachten Alexander zum Dogenpalast, wo ihm zu Ehren ein Staatsempfang gegeben wurde. Diese Geschichte ist nicht wahr. Alexander kam vielmehr am 10. Mai 1177 zu einer großen Versöhnungsfeier mit Friedrich Barbarossa nach Venedig. Er war auch nicht allein, sondern befand sich in Begleitung der Kurie. Er wurde vom Dogen und den Patriarchen von Grado und Aquileia empfangen und fuhr mit dem vergoldeten *Bucintoro*, der Staatsbarke, auf dem Kanal zum Patriarchenpalast von S. Silvestro. Eine rote Raute markiert heute den Platz im mittleren Torbogen von S. Marco (linke Seite), an dem sich Barbarossa zwei Monate später vor Alexander niedergeworfen haben soll. Er erkannte ihn als den wahren Papst an und beendete so das lange Schisma, das den Papst heimatlos gemacht hatte.

S. Nicolò dei Mendicoli

Die Bettelmönche von S. Nicolò sind ebenso verschwunden wie die frommen Frauen (pinzochere), die Schutz unter der im 15. Jh. für sie in der Nähe des Campanile errichteten Vorhalle fanden. Der Innenraum ist geprägt von einer nicht unangenehm wirkenden Vielfalt von Stilrichtungen.

Angelo Raffaele

Bereits im 7. Jh. weihte man hier dem Erzengel Raffael eine Kirche. Die fünf Szenen aus der Geschichte des Engels und seines Schutzbefohlenen (Tobias, mit seinem Hund) an der Orgel, malte im 18. Jh. einer der Brüder Guardi.

Ca' Arian
Das gotische Gebäude des 14. Jh. ist heute Schule.

S. Sebastiano
In nur zehn Jahren verwandelte Veronese das Innere dieser Kirche in ein bleibendes Denkmal für sich und seine Kunst. Er begann in der Sakristei mit einem Bild, das Maria und die Evangelisten zeigt. An der Decke ist die Geschichte Esthers dargestellt. Außerdem noch das Martyrium des hl. Sebastian. Veronese wurde nahe den von ihm bemalten Orgelschranken beigesetzt.

Ca' Zenobio
Die armenische Schule wird von S. Lazzaro unterhalten.

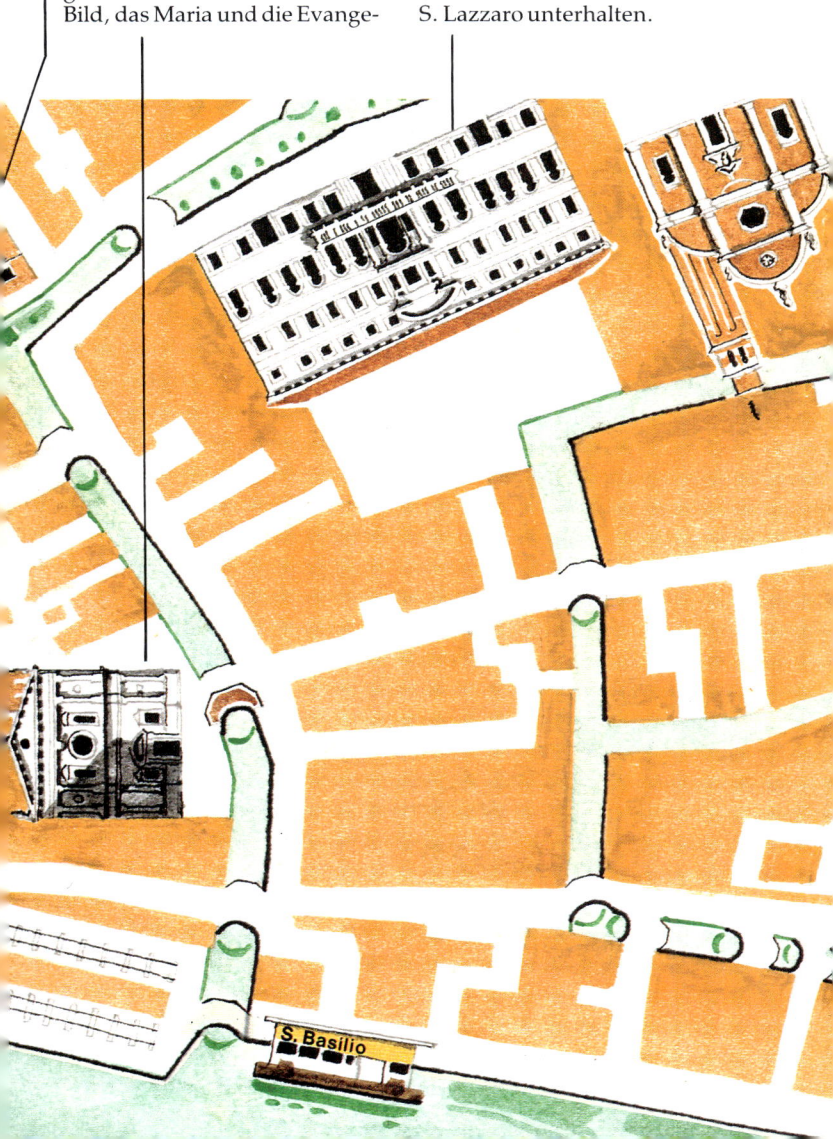

Ghetto

Dies war einst das erste jüdische Ghetto. Das Wort leitet sich ab von »gettare« (gießen), da hier früher Kanonen gegossen wurden, bis man die Werkstatt 1390 ins Arsenal verlegte. Nach ihrer Vertreibung aus Spanien im Jahre 1492 kamen viele Juden nach Venedig. Alle Ausländergruppen wurden getrennt, und ein Dekret des Jahres 1516 wies den Juden die Insel des alten Ghetto Nuovo zu. Eine nächtliche Ausgangssperre wurde durch verschlossene Tore garantiert, die mit von den Ghettobewohnern bezahlten Wachen besetzt waren. Die Juden durften kein Eigentum besitzen, sondern mußten hohe Abgaben an den Staat

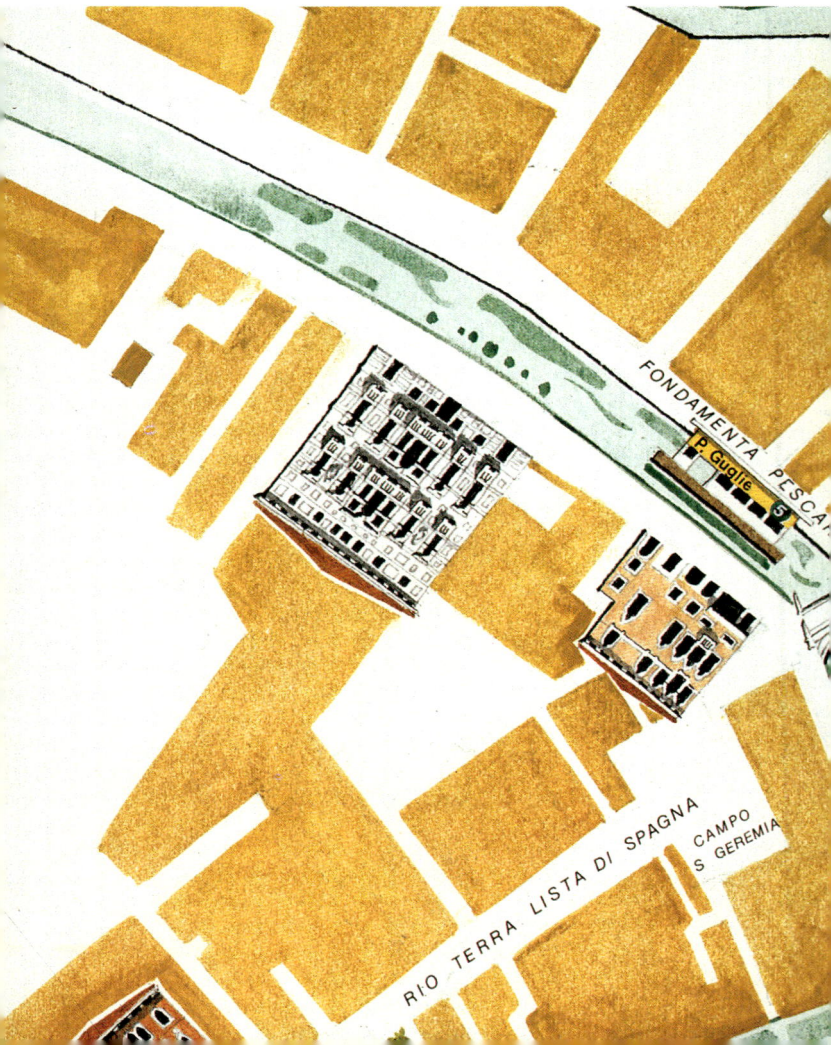

entrichten. Dabei nutzte man sie derart aus, daß die gesamte jüdische Kolonie 1735 bankrott ging.

Scuola Levantina
Um 1538 von Longhena erbaut. Besuch nur nach Anfrage im Museum möglich.

Traghetto S. Marcuola

Museo Israelitico
Öffnungszeiten: 10.30–12.30. Samstag geschlossen.

S. Leonardo
Geschlossen.

RIO TERRÀ S. LEONARDO

Ca' Diedo

S. Fosca
Fassade von 1741.

S. Maddalena
Die einzige Rundkirche Venedigs wurde um 1760 von Temanza erbaut. Sie ist sonntags und bei festlichen Anlässen geöffnet.

Fra Paolo Sarpi
Als Venedig 1606 zwei Priester wegen weltlicher Vergehen einsperrte und sich weigerte, sie an den Papst auszuliefern, wurde die Stadt mit einem päpstlichen Bann belegt. Paolo Sarpi verfaßte die Antwort, in der es hieß, der Papst sei für geistliche Dinge zuständig, während irdische Dinge von der Republik geregelt

werden sollten. Venedig blieb in diesem Streit zwar Sieger, aber Rom vergaß nicht. Gedungene Mörder überfielen Sarpi eines Nachts auf dieser Brücke. Er kam jedoch durch und formulierte ein zweideutiges lateinisches Wortspiel, wonach er den »*stylus*« (»Stil«/»stiletto«) der Kurie erkannt habe.

S. Marziale
Im Inneren befinden sich 4 Deckengemälde von Sebastiano Ricci und das letzte Werk Tintorettos.

Ca' Giovanelli

Ca' Lezze

S. Felice

Ca' Contarini-Seriman
Heute eine Klosterschule.

SS. Apostoli
Über dem Altar in der aus dem 15. Jh. stammenden Eckkapelle hängt G. B. Tiepolos Bild der hl. Luzia. Im Altarraum befinden sich zwei Fresken des frühen 14. Jh. Der Campanile entstand um 1672.

Gesuiti
Die Jesuiten hatten sich in Venedig nie großer Beliebtheit erfreut. Sie waren militärisch durchorganisiert. In den Straßen mußten sich »die Soldaten des Papstes« gegen Beleidigungen und Schmährufe verteidigen, in denen sie aufgefordert wurden, zu verschwinden und sich nie wieder blicken zu lassen. 1609 gingen sie dann tat-

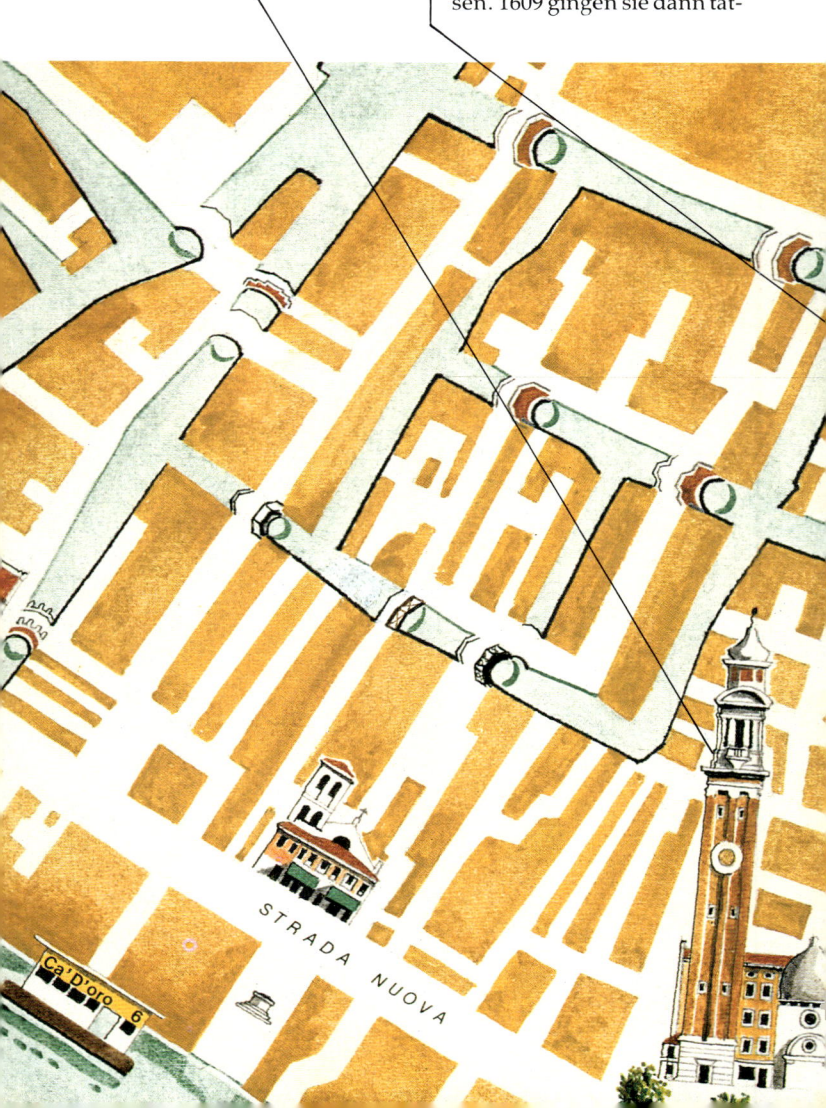

sächlich: Der Doge Leonardo Donà, dessen Haus sich unmittelbar hinter der Kirche befindet, verwies sie nämlich der Stadt. Fünfzig Jahre später kamen sie zurück und beauftragten Domenico Rossi mit dem Wiederaufbau der Kirche. Von ihm auch die prächtigen »Vorhänge«, die allerdings aus Marmor bestehen.

Ca' Donà delle Rose
Um 1606 für den Dogen Donà begonnenes Gebäude.

Ca' Tiziano
Als Tizian dieses Haus bewohnte, erstreckte sich der Garten bis zum Meer hinunter.

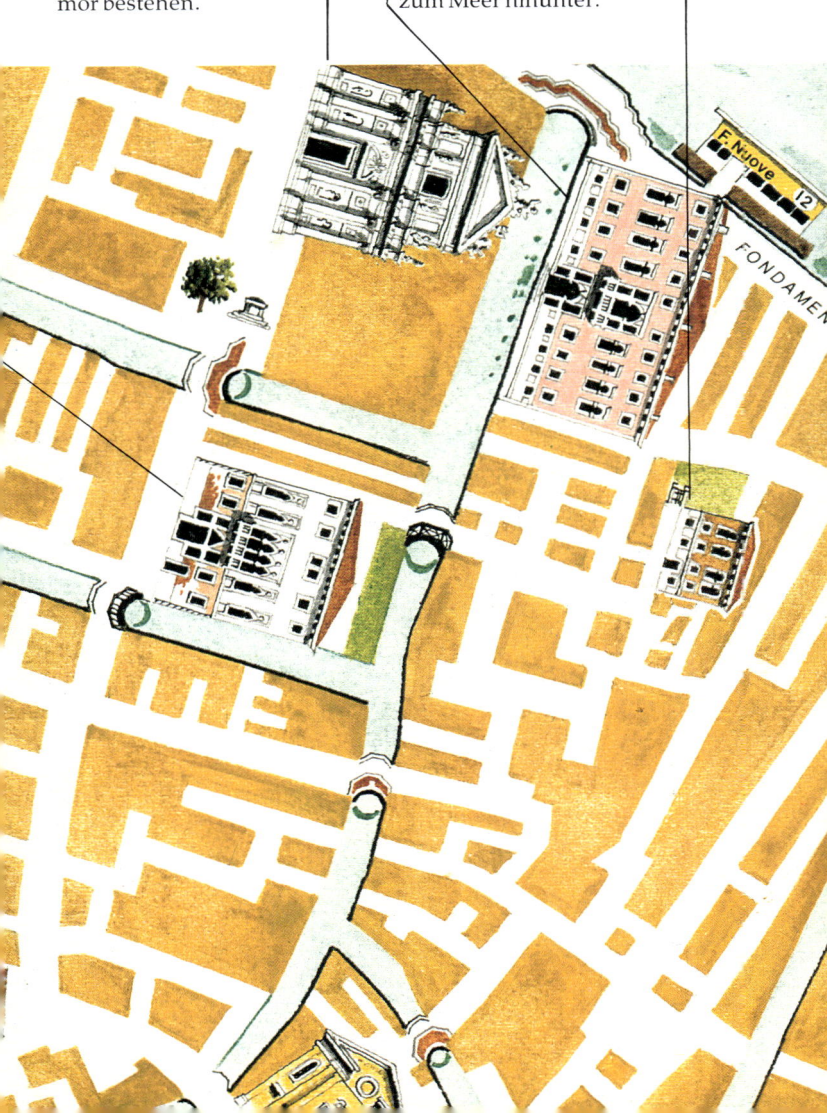

Traghetto S. Sophia

S. Giovanni Crisostomo
Dies war das letzte Bauwerk von Mauro Coducci. Im Inneren befindet sich eines der letzten Bilder Giovanni Bellinis (Die Heiligen Augustinus, Christopherus und Hieronymus). Über dem Hochaltar hängt ein Werk von Sebastiano del Piombo.

Teatro Malibran
Auf den Ruinen des Hauses von Marco Polo steht seit 1678 ein Theater.

Ponte Marco Polo
Sie führt hinüber zum Corte del Milion, der ebenfalls nach Marco Polo benannt ist.

Ca' Bembo-Boldù
An der Fassade sieht man das Relief eines bärtigen Mannes, der eine Sonnenscheibe trägt.

S. Canciano
Im 18. Jh. wiederaufgebaut.

Ca' Dolfin
Gotisches Gebäude des 15. Jh.

S. Maria dei Miracoli
Kein Wunder, daß alle jungen Venezianer in dieser Kirche heiraten wollen. Sie wurde 1489 von Pietro Lombardo erbaut und gilt als die schönste Kirche der Stadt. Auf dem Altar befindet sich eine wundertätige Marienikone.

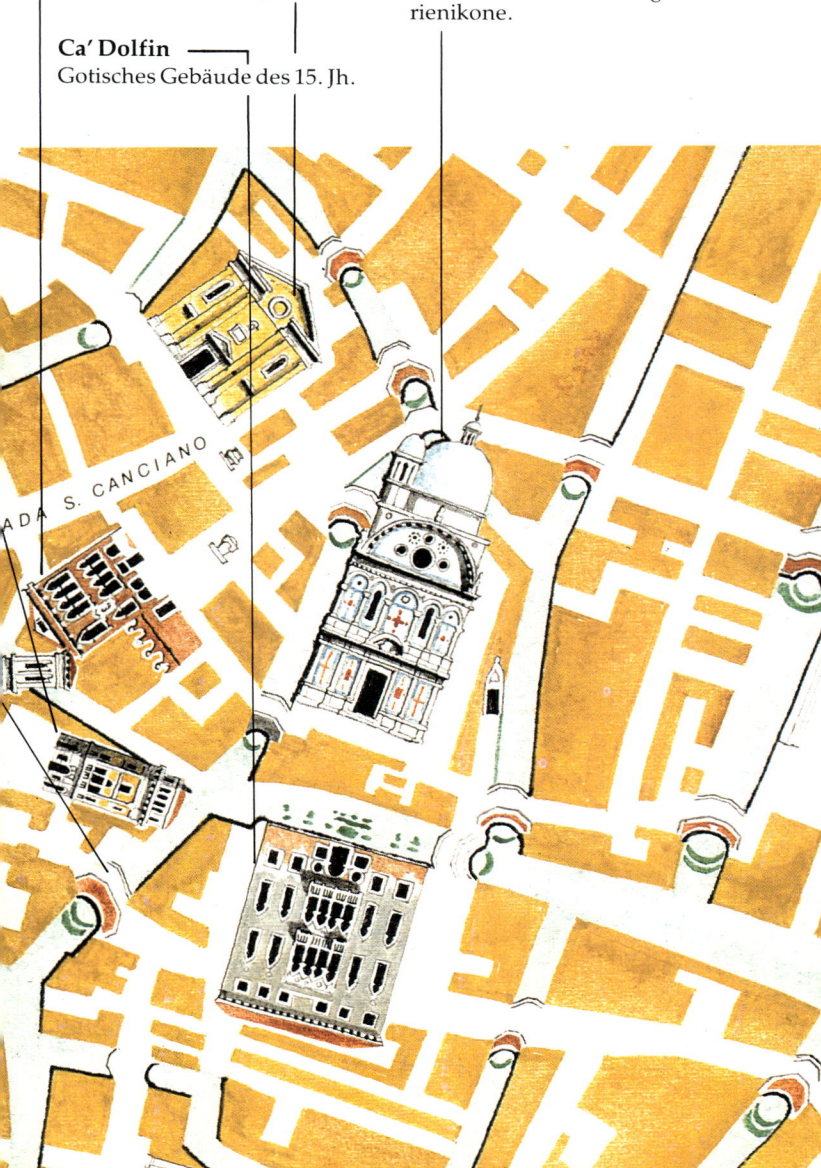

S. Luca

James Morris sagt, daß Tizians Freund Pietro Aretino hier begraben wurde, nachdem er sich 1556 über einen obszönen Witz, den jemand über seine Schwester riß, totgelacht hatte. Sowohl das Grab als auch der Witz gingen jedoch verloren. Veronese malte das Altarbild.

Teatro Goldoni

Scuola di S. Teodoro

Das Gebäude besitzt eine Fassade von Sardi und ist heute Ausstellungszentrum.

S. Salvatore

Da der neobyzantinische Stil, den man für den düsteren Innenraum gewählt hatte, bald

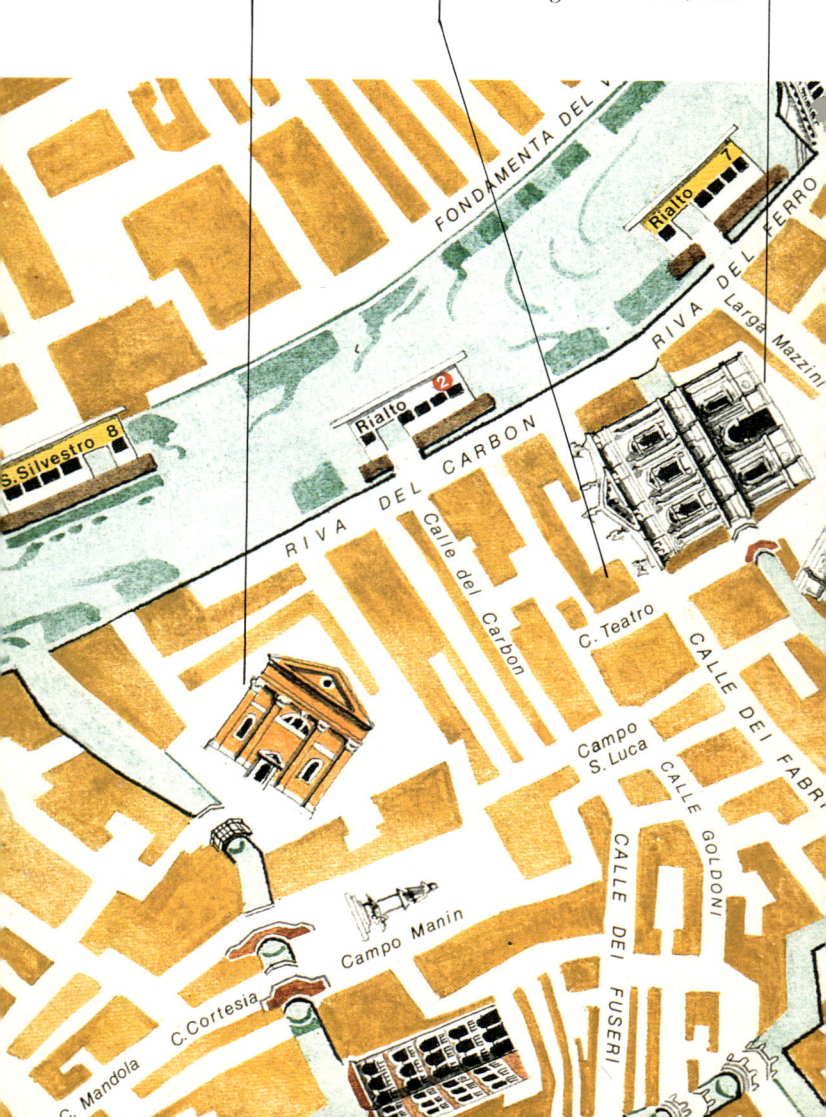

aus der Mode kam, wurden im 16. Jh. Fenster eingebaut und Sardis Barockfassade errichtet. Vasari behauptet, Tizian hätte die Verkündigungsszene, die über dem dritten Altar hängt, nie gemocht. Dennoch ist sie mit »Titianus fecit« signiert.

S. Lio

Die Kirche ist dem großen Reform-Papst Leo IX. geweiht. Tiepolo stellte an der Decke seine Apotheose dar.

S. Maria della Fava

Als Fava bezeichnet man eine Bohnensorte. Früher wurden bohnenförmige Süßigkeiten in der Nähe hergestellt und verkauft.

Ca' Veronese

Das Heim von Paolo Veronese, dem ersten Künstler, der sein Werk mit dem Ausdruck »künstlerische Freiheit« verteidigte. Das Inquisitionsgericht, das ihn wegen eines seiner Bilder verhörte (siehe S. 118), verwarf als erste Institution dieses Recht.

Fortuny-Museum

Mariano Fortunys großartigste Kreation war zweifelsohne das griechische »Delphi-Gewand«, ein plissierter Zylinder aus schimmernder Seide, der den Körper »wie Parfüm« umhüllte. Fast fünfzig Jahre lang wollte jeder so ein Gewand, aber nur die wenigsten waren reich genug, es sich leisten zu können, oder

schlank genug, um es tragen zu können. Fortuny wurde in Granada geboren und wuchs in Paris auf. 1899 kam er nach Venedig. Hier richtete er sein Heim und auch sein Studio ein, wo er malte, schnitzte, skulptierte und fotografierte. Außerdem entstanden hier auch seine berühmten Stoffe, Bühnenbilder und Lichteffekte. Das Haus blieb fast genauso erhalten, wie es zu seinen Lebzeiten war. Öffnungszeiten: 8.30–13.30. Montag geschlossen.

S. Benedetto

In dieser kleinen Kirche befinden sich Gemälde von G. B. Tiepolo, Bernardo Strozzi und Sebastiano Mazzoni. Sie ist nachmittags geöffnet.

Ca' Loredan
Heute das Institut für Kunst und Wissenschaften.

S. Vitale (Vidal)
Die profanierte Kirche birgt immer noch Carpaccios Gemälde des reitenden S. Vitale. Zutritt durch die seitlich gelegene Galerie.

S. Stefano
Man sagt, daß diese im 15. Jh. wiederaufgebaute Kirche sechsmal eingeweiht werden mußte, da in ihr Blut vergossen worden sei. Im Inneren befinden sich zwei Bilder von Tintoretto und eines von Canova. Im ehemaligen Kreuzgang sind heute Büros der Steuerbehörde.

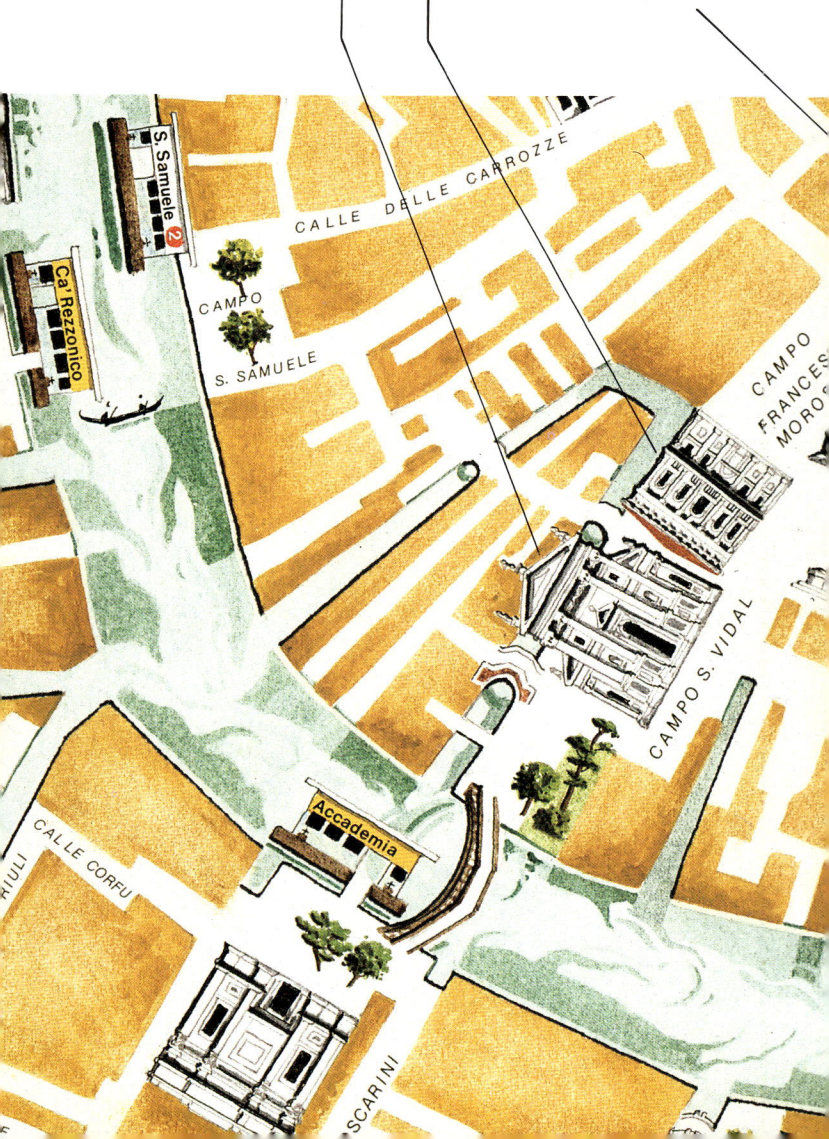

Ca' Morosini
Hier wohnte Francesco Morosini, der mit seiner Kanone 1667 den Athener Parthenon in die Luft jagte.

S. Maria Zobenigo
Der Fassadenschmuck zeigt nicht religiöse Motive, sondern verherrlicht die angeblichen Taten von Antonio Barbaro. Dieser wurde im Kretakrieg wegen Unfähigkeit von Francesco Morosini abgesetzt. Wie Barbaro in seinem Testament erwähnt, liegt dessen Haus unglücklicherweise ganz in der Nähe dieses grandiosen Denkmals.

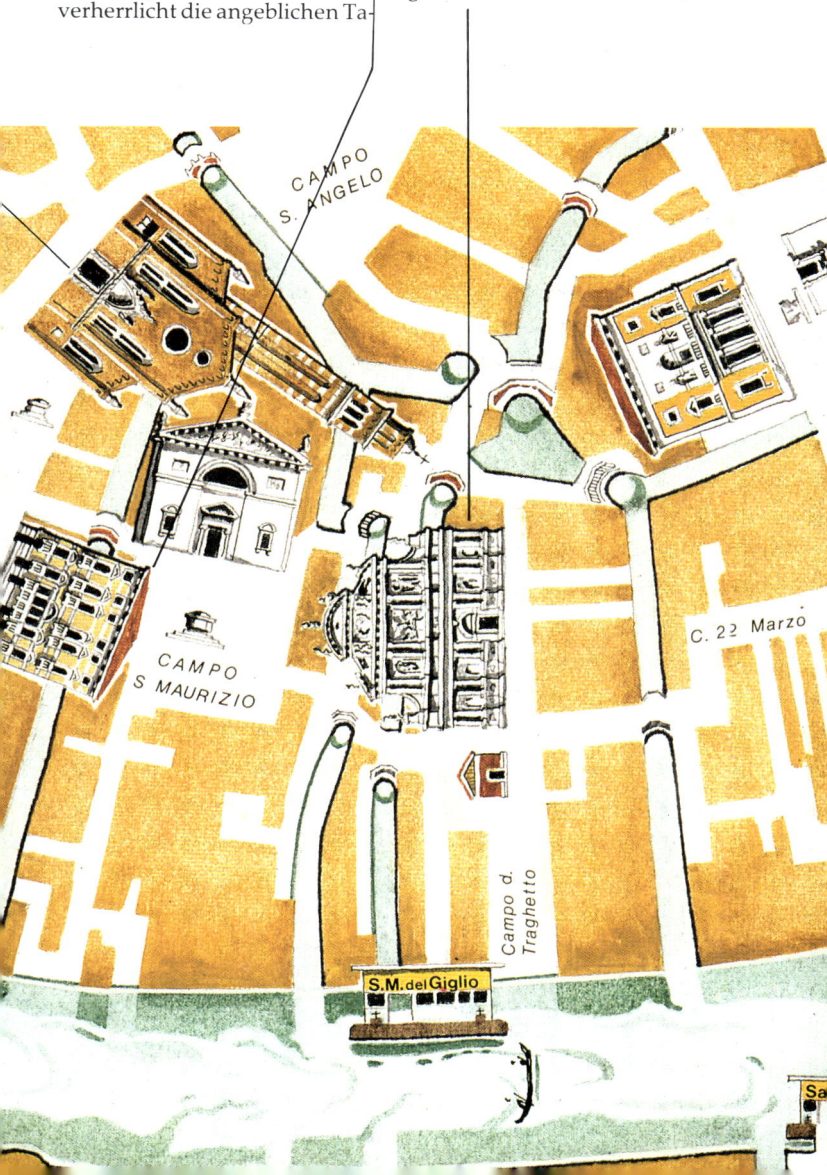

La Fenice

Das treffend »Phönix« genannte Theater stieg nach einem Feuer im Jahre 1836 »wie der Vogel« aus der Asche empor – als perfektes Abbild des ursprünglichen, im 18. Jh. errichteten Gebäudes. 1500 Zuschauer applaudierten im mit Gold und Plüsch ausgestatteten Theaterraum den Premieren von Rossinis Tancredi und Verdis Rigoletto. Und sie pfiffen 1853 La Traviata aus, obwohl sie normalerweise die österreichische Besatzungsmacht durch laute »Viva-Verdi«-Rufe in Rage brachten. (Sein Name stand für die nationalistische Parole »Vittorio Emanuele, Re d'Italia«.)

Ca' Contarini del Bovolo

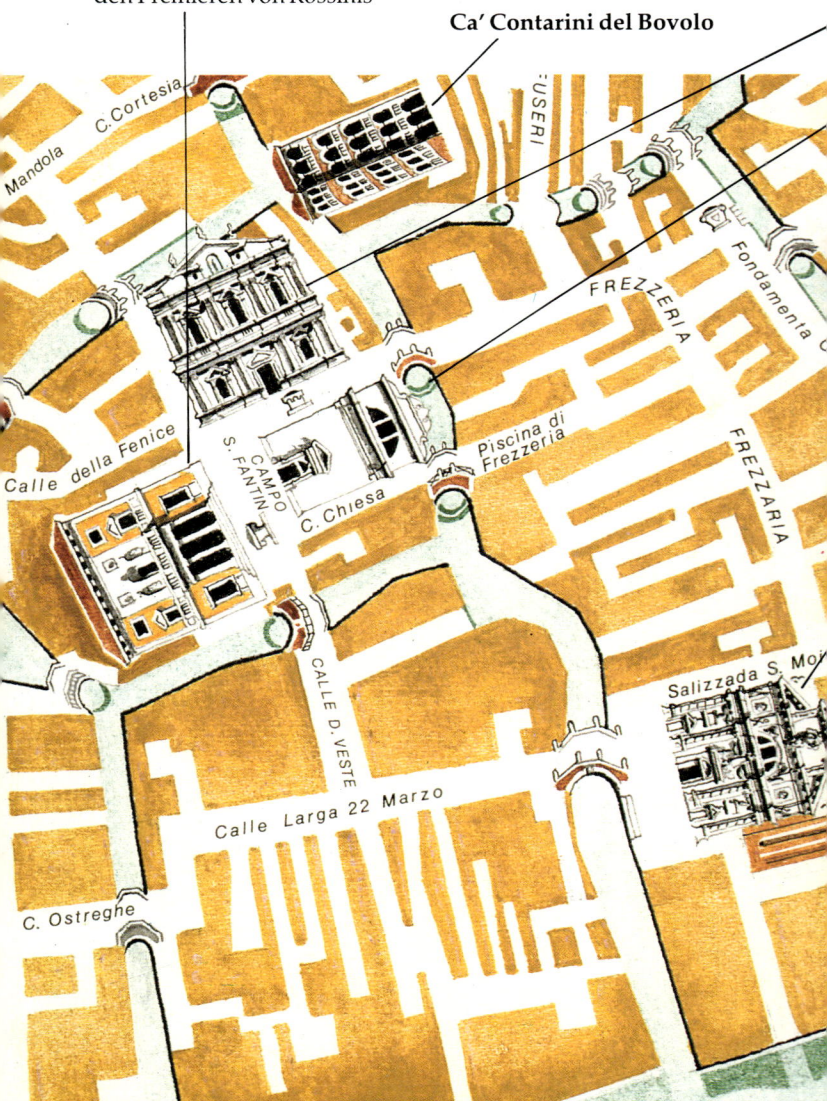

Scuola S. Girolamo

Sie war auch unter dem Namen »Scuola des guten Todes« bekannt, da ihre Mitglieder Verurteilte zur Exekution begleiten mußten. Seit Napoleons Zeiten ist hier das Ateneo Veneto.

S. Fantin

S. Moisè

Da sie mit der vom Papst autorisierten Liste der Heiligen nicht zufrieden waren, nahmen die Venezianer kurzerhand auch Moses auf und bauten ihm diese Kirche. Ruskin verabscheute die monumentale Barockfassade von Alessandro Tremignon (um 1668), aber sie ist immer noch schöner als die des Bauer-Grünwald-Hotels.

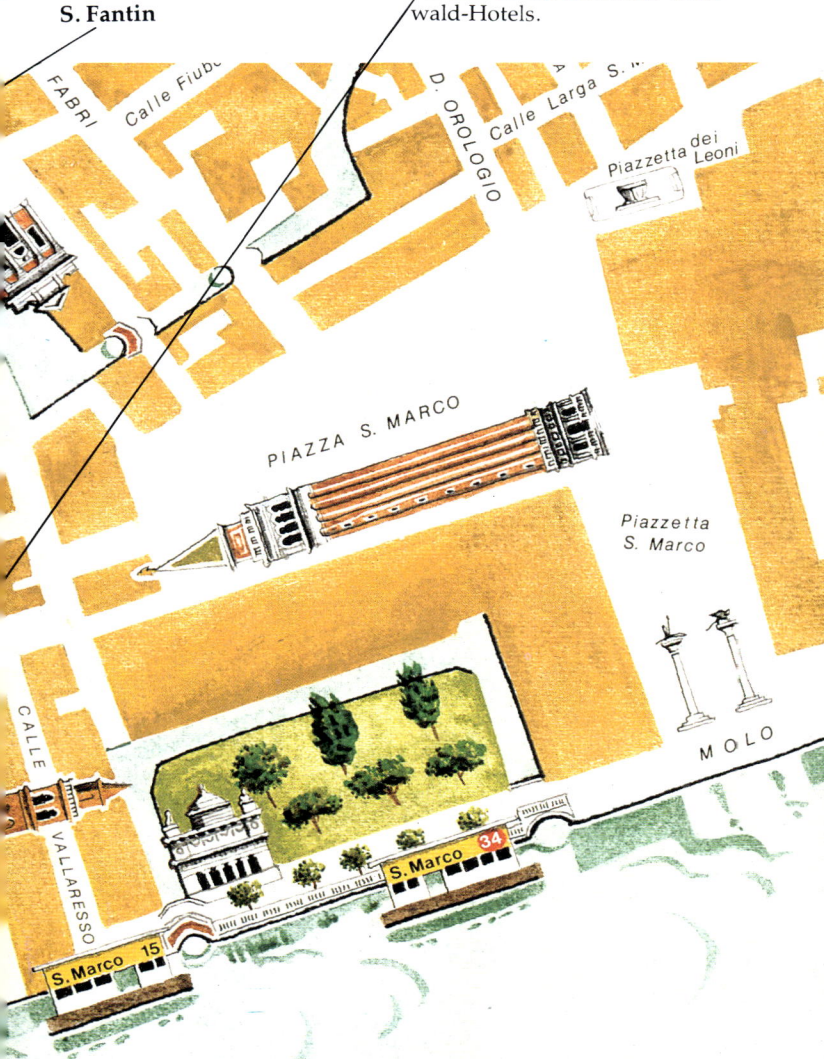

Danieli-Anbau

Der Doge Vitale Michiel II. wurde 1172 an dieser Stelle ermordet, als er vor dem Pöbel nach S. Zaccaria fliehen wollte. Zur Erinnerung an dieses Ereignis sollte niemals ein Steingebäude an dieser Stelle errichtet werden, was bis 1948 auch nicht geschah.

S. Zaccaria

Die Reliquien von Zacharias, dem Vater Johannes' des Täufers, kamen im 9. Jh. als Geschenk des byzantinischen Kaisers Leo V. hierher. Die 1515 wiederaufgebaute Kirche birgt eines der schönsten Madonnenbildnisse von Giovanni Bellini (zweiter Altar an der linken Seite; geringer Eintrittspreis).

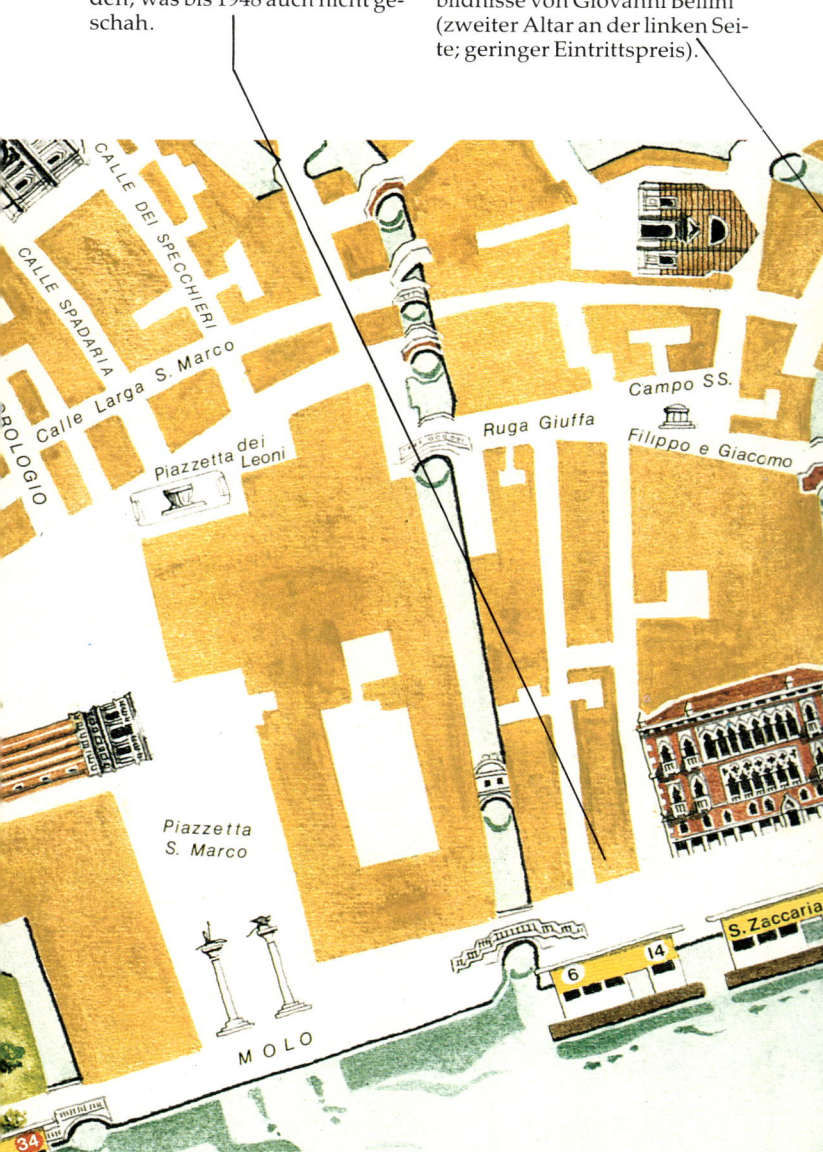

La Pietà

Der rothaarige Priester Antonio Vivaldi war einst Musiklehrer an dieser Schule für Waisenmädchen. Nach seinem Tod errichtete Giorgio Massari die Kirche. Falls sie geöffnet ist, kann man ein herrliches Deckengemälde von G. B. Tiepolo besichtigen.

S. Giorgio dei Greci

Die einstmals wichtigste griechisch-orthodoxe Kirche Europas schmücken ausgezeichnete Ikonen.

Ikonenmuseum

Öffnungszeiten: 9.00–12.30. 15.30–17.00. An Feiertagen 9.00–12.00. Dienstag geschlossen.

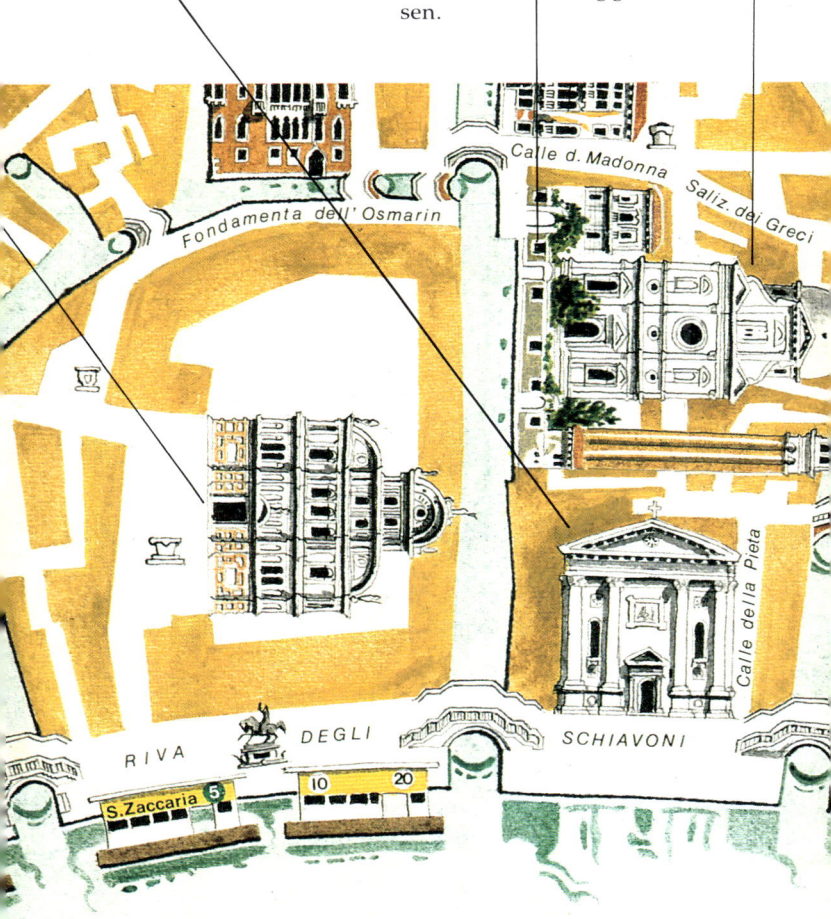

S. Martino
Das Gebäude von Sansovino (um 1540) birgt zwei Gemälde von Girolamo Santacroce.

S. Giovanni in Bragora
In der Kirche, die Werke von Palma Giovane und Cima da Conegliano birgt, wurde 1678 Vivaldi getauft.

Arsenale
Hier befand sich einst die größte Schiffsbase der Welt, von der aus ein voll ausgerüstetes Kriegsschiff innerhalb von 12 Stunden auslaufen konnte. 1597 ließ man in nur 60 Tagen 100 davon vom Stapel, um einen türkischen Angriff auf Zypern abzuwehren. Der Rest Europas war so beeindruckt, daß der Na-

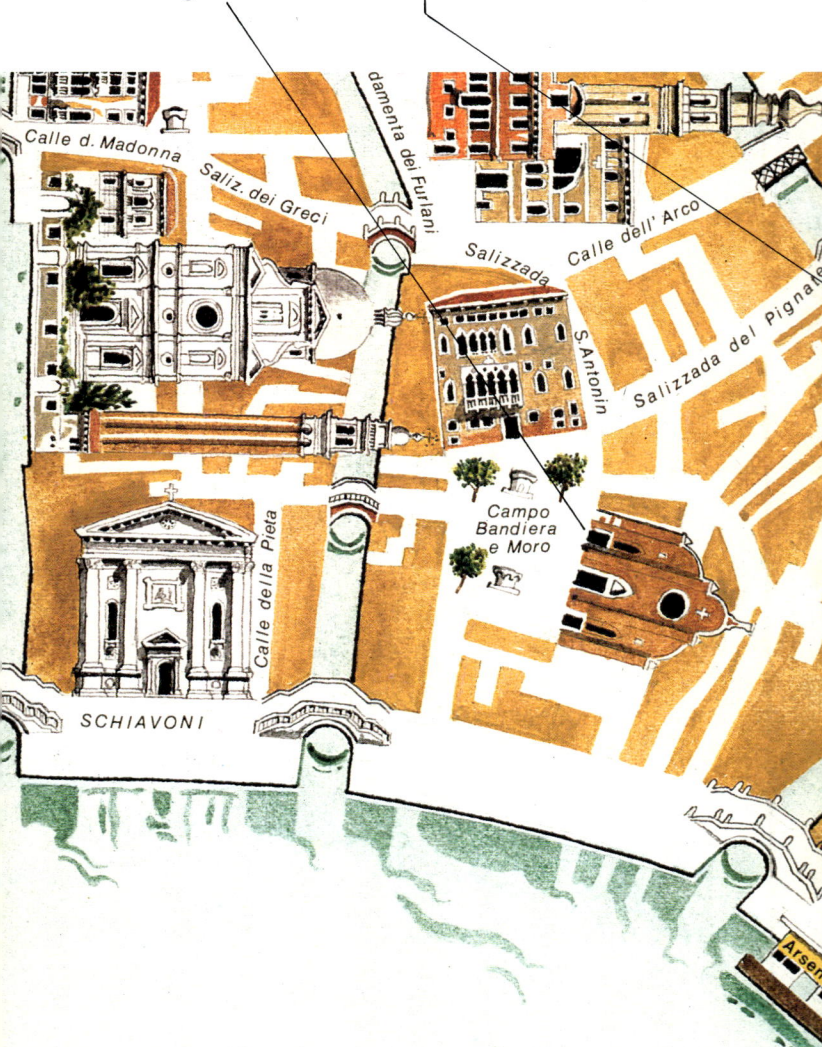

me des Komplexes, der sich vom arabischen »Dar sina'a« ableitet, in 14 Sprachen übernommen wurde. Die 16 000 Arbeiter, die Pech und Teer kochten, inspirierten Dante zu seinem siebten Höllenbild im »Inferno«. Das Buch des Löwen über dem Portal bleibt sinnigerweise geschlossen: An einem Ort, wo man für den Krieg rüstete, sollte das Wort Friede nicht erwähnt werden.

Marinemuseum
Es ist in einem ehemaligen Lagerschuppen untergebracht. Öffnungszeiten: 9.00–13.00. Samstag 9.00–12.00. Sonntag geschlossen.

S. Lorenzo

Als die Adligen Venedigs ihre Töchter ins Kloster steckten, um so das Geld für die Aussteuer zu sparen, wurden Venedigs Nonnen berühmt für die, wie Joseph Addison es ausdrückt, »Freiheiten, die sie sich gestatteten«. In S. Lorenzo hielt der Patriarch von Venedig das Haupttor verschlossen, um so den Besuchen maskierter Bewunderer der Klosterdamen während des Karnevals vorzubeugen. Die Nonnen brannten es jedoch einfach nieder. Einst befand sich hier das Grab Marco Polos, aber seine sterblichen Überreste gingen 1592 während der Wiederaufbauarbeiten verloren. Die Kirche öffnet heute für Ausstellungen ihre Tore.

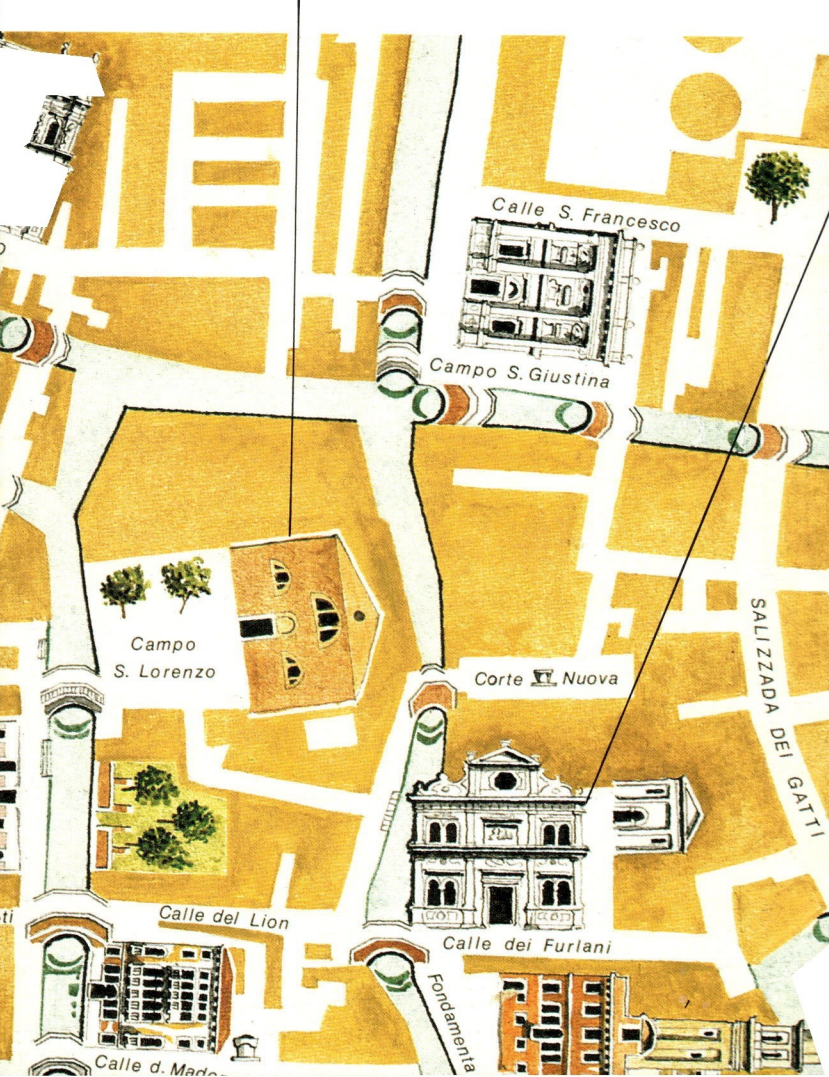

Scuola degli Schiavoni

1502 malte Carpaccio die Halle der Dalmatinerniederlassung mit drei Bilderzyklen aus, die heute zu den größten Kunstschätzen der Stadt zählen. Öffnungszeiten: 10.00–12.30, 15.30–18.00. Sonntag 10.30–12.30.
Montag geschlossen.

S. Francesco della Vigna

Bevor das Areal 1253 den Franziskanern für ein Kloster zur Verfügung gestellt wurde, befand sich hier ein Weinberg. Die Kirche wurde 1534 erneuert, die Fassade von Palladio kam 1572 hinzu. Im Inneren hängt eine Madonna von Antonio da Negroponte, neben der Tür sieht man ein schönes byzantinisches Relief.

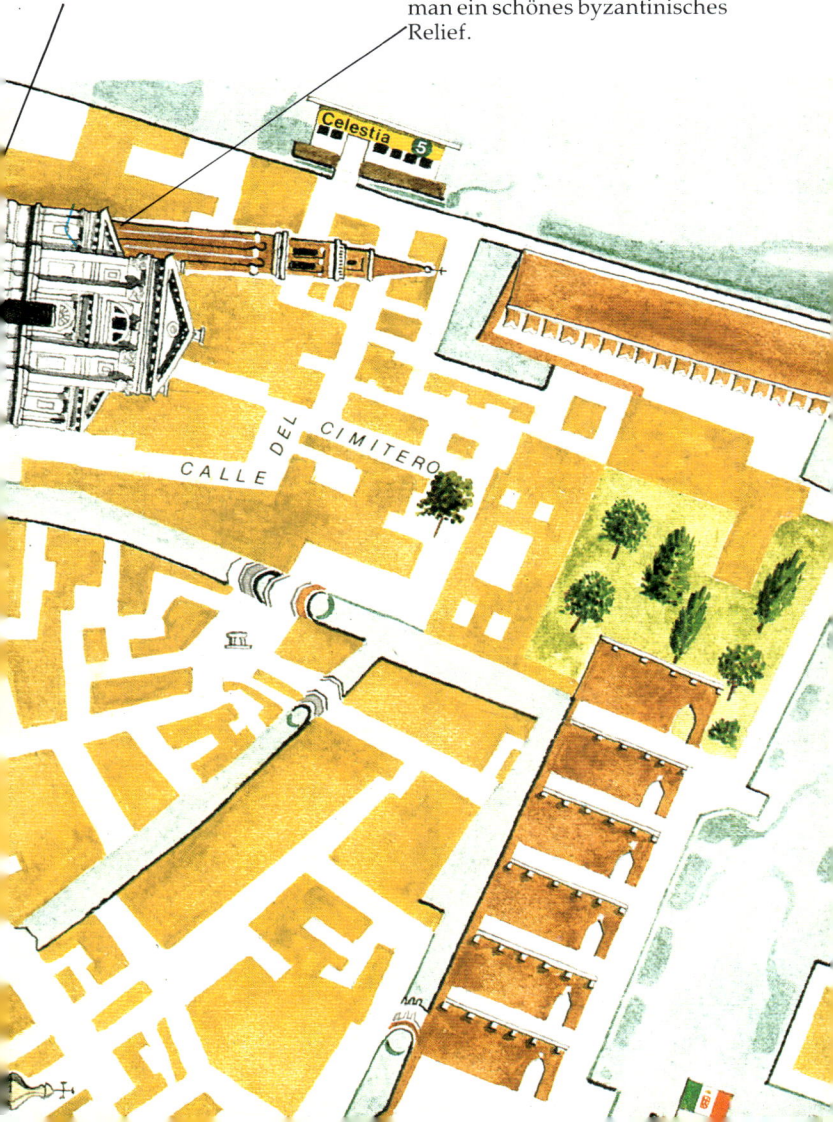

S. Zulian

An der Fassade ist Tommaso Rangone, ein Gelehrter und Wohltäter der Kirche, zu sehen. Sein berühmtestes Buch handelt davon, wie man 120 Jahre alt werden kann. Die Lesergemeinde sank jedoch gewaltig, als er selbst mit 80 Jahren starb. Das Deckengemälde (Apotheose des hl. Zulian) malte Palma Giovane.

Ponte della Guerra

Hier fanden einst zahlreiche Straßenkämpfe statt.

Ca' Querini-Stampalia

Die Bibliothek befindet sich im ersten, die Galerie im zweiten Stock. Öffnungszeiten: 10.00–15.30. Sonntag und im Winter 10.00–14.30. Montag geschlossen.

S. Maria Formosa

Im 7. Jh. erschien S. Magno Maria als wohlgestaltete (formosa) Jungfrau, der er prompt eine Kirche errichtete. Mauro Coducci leitete 1492 den Wiederaufbau. Das Madonnentriptychon ist ein Werk von Bartolomeo Vivarini, das Altarbild stammt von Palma Vecchio.

Ca' Dona
Gotisches Gebäude des 15. Jh.

Ca' Malipiero

Ca' Priuli
Gotisches Gebäude des 15. Jh.

S. Giovanni Nuovo
Geschlossen.

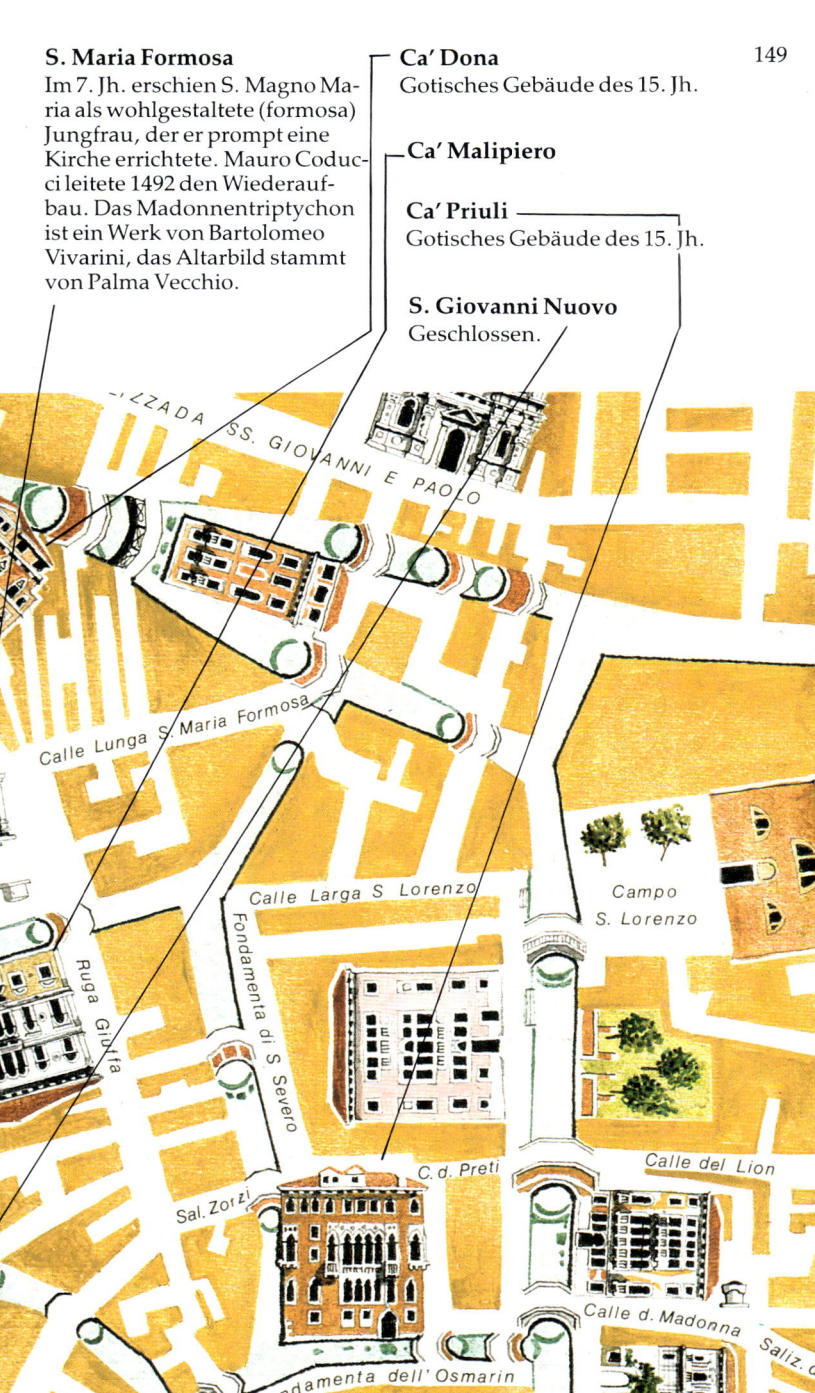

Colleoni-Denkmal

Als der große Söldner Bartolomeo Colleoni 1475 starb, hinterließ er dem Staat ein Vermögen mit der Bedingung, ihm »S. Marco gegenüber« ein Denkmal zu errichten. Das war wahrhaftig ein blasphemischer Gedanke – Venedig errichtete niemandem Standbilder, und schon gar nicht auf der Piazza. Weil die Republik aber das Geld brauchte, kam man auf die Idee daß der Verstorbene die Scuola di S. Marco gemeint haben mußte. Da der Bildhauer Andrea Verrocchio vor der Vollendung seines Werkes starb, trägt es heute die Signatur seines Nachfolgers, Alessandro Leopardi.

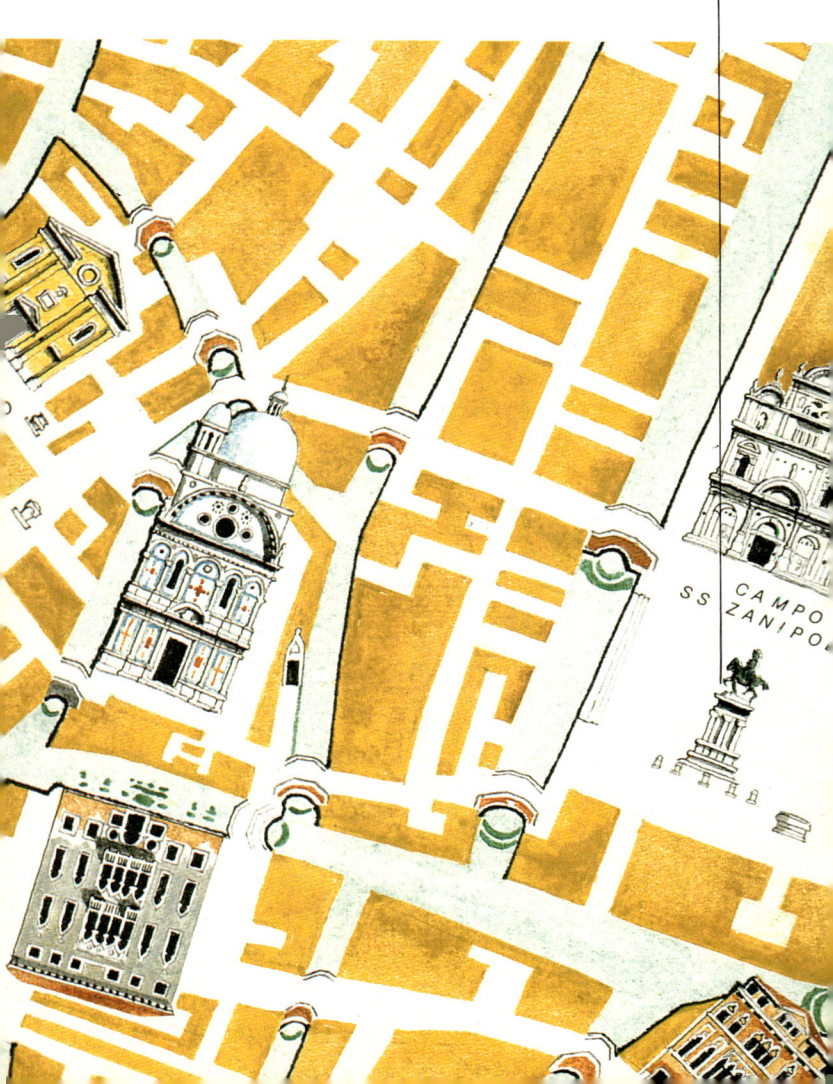

Scuola di San Marco
Früher eines der sechs großen Bruderschaftshäuser, heute Krankenhaus.

SS. Zanipolo
Siehe folgende Seite.

Mendicanti und Ospedaletto
William Lithgow schreibt, daß er 1609 zugesehen habe, wie ein Mönch auf der Piazza verbrannt wurde, da er innerhalb eines Jahres fünfzehn Nonnen geschwängert hatte. Venedig wurde von solch unglücklichen Waisen geradezu überschwemmt. Für die Mädchen entstanden deshalb die vier Waisenhäuser der Ospedali. Hier die Kirchen von zweien dieser Häuser.

SS. Zanipolo

Die große »Rivalin« der Frari-Kirche. Zanipolo ist die venezianische Zusammenziehung der Namen Johannes und Paulus. Die Kirche wurde 1246 für den Bettelorden der Dominikaner begonnen und im Jahre 1430 geweiht.

Rosenkranzkapelle
Sie wurde zur Erinnerung an die Schlacht von Lepanto errichtet und 1867 durch ein Feuer zerstört. Die Deckengemälde kamen aus der ehemaligen Umiltà-Kirche und stammen von

Veronese
»Verkündigung«
»Himmelfahrt«
»Anbetung der Hirten«
»Anbetung der Könige«
»Christi Geburt« (Wand)

Cappella Cavalli
Das Wandgrabmal für Jacopo Cavalli schuf

Paolo dalle Masegne
Das andere ist das des Dogen Dolfin.

Grabmal des Dogen Antonio Venier
(datiert 1400), seiner Frau und seiner Tochter. Ebenfalls ein Werk von Paolo dalle Masegne.

Dreifaltigkeitskapelle
Gemälde von L. Bassano

Grabmal des Dogen Pasquale Malipiero
(datiert 1462), ein frühes Werk von Pietro Lombardo.

Grab des Dogen Tommaso Mocenigo
(datiert 1423). Der »Prophet« unter den Dogen. Seine Warnung auf dem Totenbett, die Stadt würde in Kriege verwickelt und finanziell ruiniert, falls Francesco Foscari ihm nachfolgte, bewahrheitete sich.

Alessandro Vittoria
Statue des hl. Hieronymus

Grabmal des Dogen Giovanni Mocenigo
Arbeit des Tullio Lombardo

SS. Zanipolo

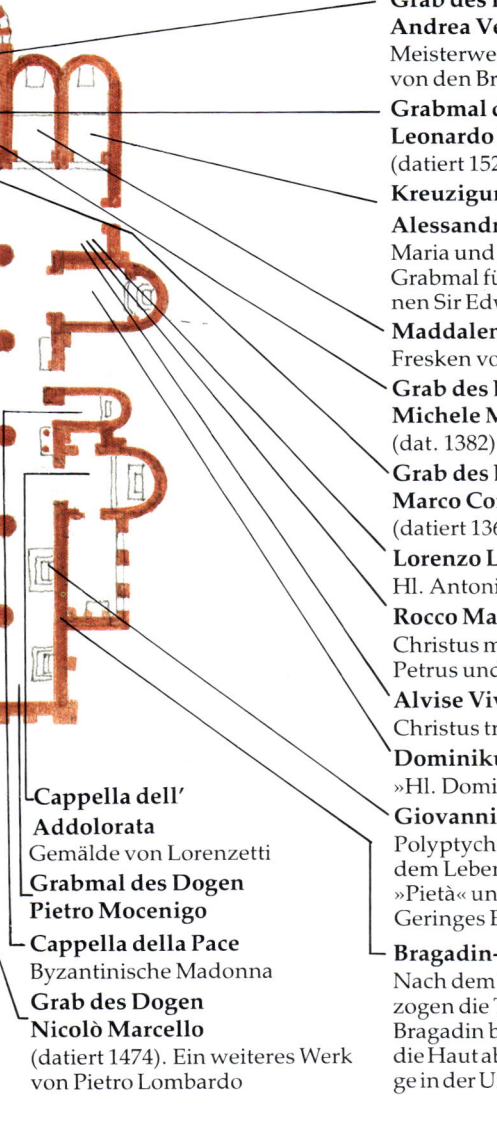

Grab des Dogen Andrea Vendramin
Meisterwerk der Renaissance von den Brüdern Lombardo

Grabmal des Dogen Leonardo Loredan
(datiert 1520)

Kreuzigungskapelle
Alessandro Vittoria
Maria und Johannes sowie das Grabmal für den 1574 verstorbenen Sir Edward Windsor.

Maddalena-Kapelle
Fresken von Palma Giovane

Grab des Dogen Michele Morosini
(dat. 1382) von dalle Masegne

Grab des Dogen Marco Corner
(datiert 1368)

Lorenzo Lotto
Hl. Antonius (1542)

Rocco Marconi
Christus mit den Heiligen Petrus und Andreas

Alvise Vivarini
Christus trägt das Kreuz

Dominikus-Kapelle
»Hl. Dominikus« von Piazzetta.

Giovanni Bellini
Polyptychon mit Szenen aus dem Leben des hl. Vinzenz. »Pietà« und »Verkündigung«. Geringes Eintrittsgeld.

Bragadin-Grabmal
Nach dem Fall Famagustas 1571 zogen die Türken Marcantonio Bragadin bei lebendigem Leib die Haut ab. Man sagt, diese liege in der Urne unter seiner Büste.

Cappella dell' Addolorata
Gemälde von Lorenzetti

Grabmal des Dogen Pietro Mocenigo

Cappella della Pace
Byzantinische Madonna

Grab des Dogen Nicolò Marcello
(datiert 1474). Ein weiteres Werk von Pietro Lombardo

Die Lagune

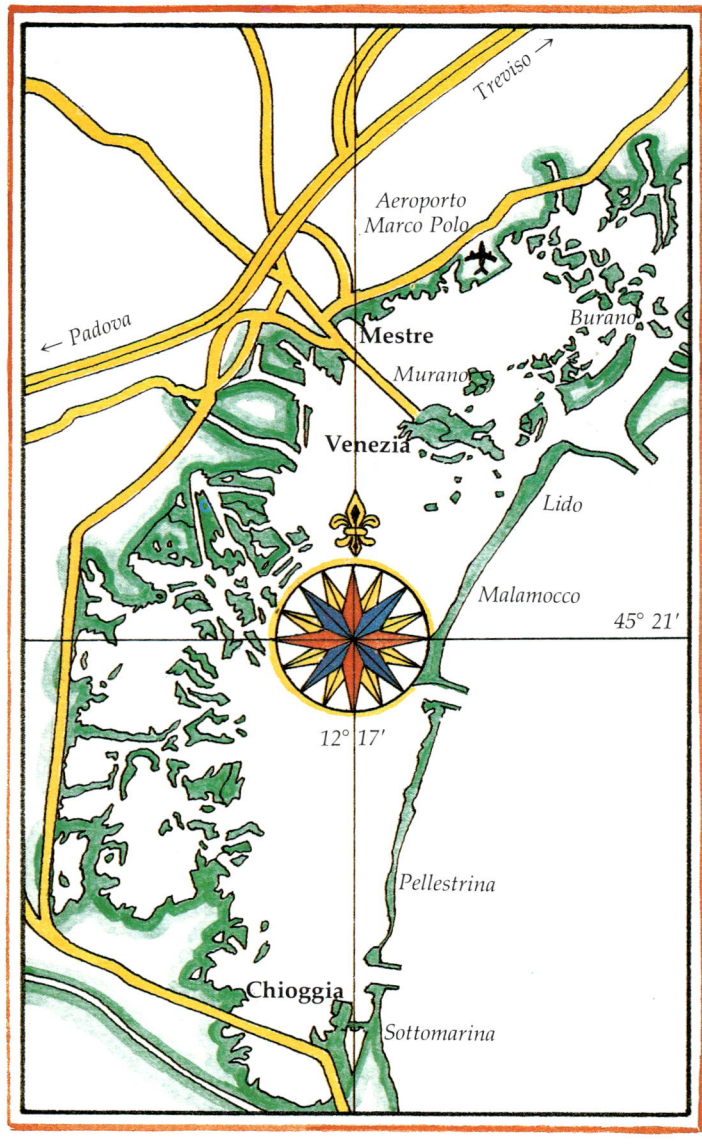

Isola S. Michele

„Hier können wir Armen endlich Landbesitzer werden«, sagte ein Venezianer zu dem Amerikaner W. D. Howells. Das stimmt jedoch nicht. Die Toten finden lediglich zehn Jahre Frieden auf S. Michele. Wird dann nicht erneut Grabmiete bezahlt, werden die sterblichen Überreste zu einem anonymen Ort auf einer anderen Insel gebracht. Einige berühmte Grabinhaber bleiben jedoch. Dazu gehören Igor Strawinski und sein Kollege, der berühmte Impressario Diaghilew. Auf seinem Grabmal stehen ein Paar Ballettschuhe, die für einen Tänzer mit zwei linken Füßen gemacht sind, wie Gore Vidal sagte.

S. Michele in Isola
Mauro Coducci entwarf die erste Renaissancekirche Venedigs, die 1478 vollendet war.

Emiliana-Kapelle
Als Thomas Coryat 1611 hier vorbeisegelte, beobachtete er »ein äußerst bemerkenswertes Ding... Ein herrliches Augustinerkloster, das eine reiche venezianische Kurtisane mit Namen Margarita Emiliana gebaut hatte.«

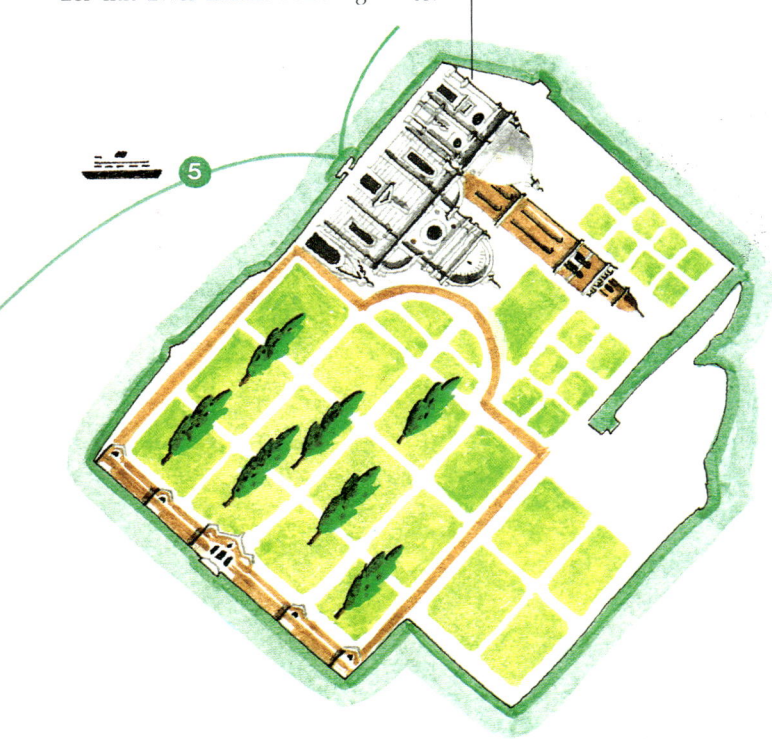

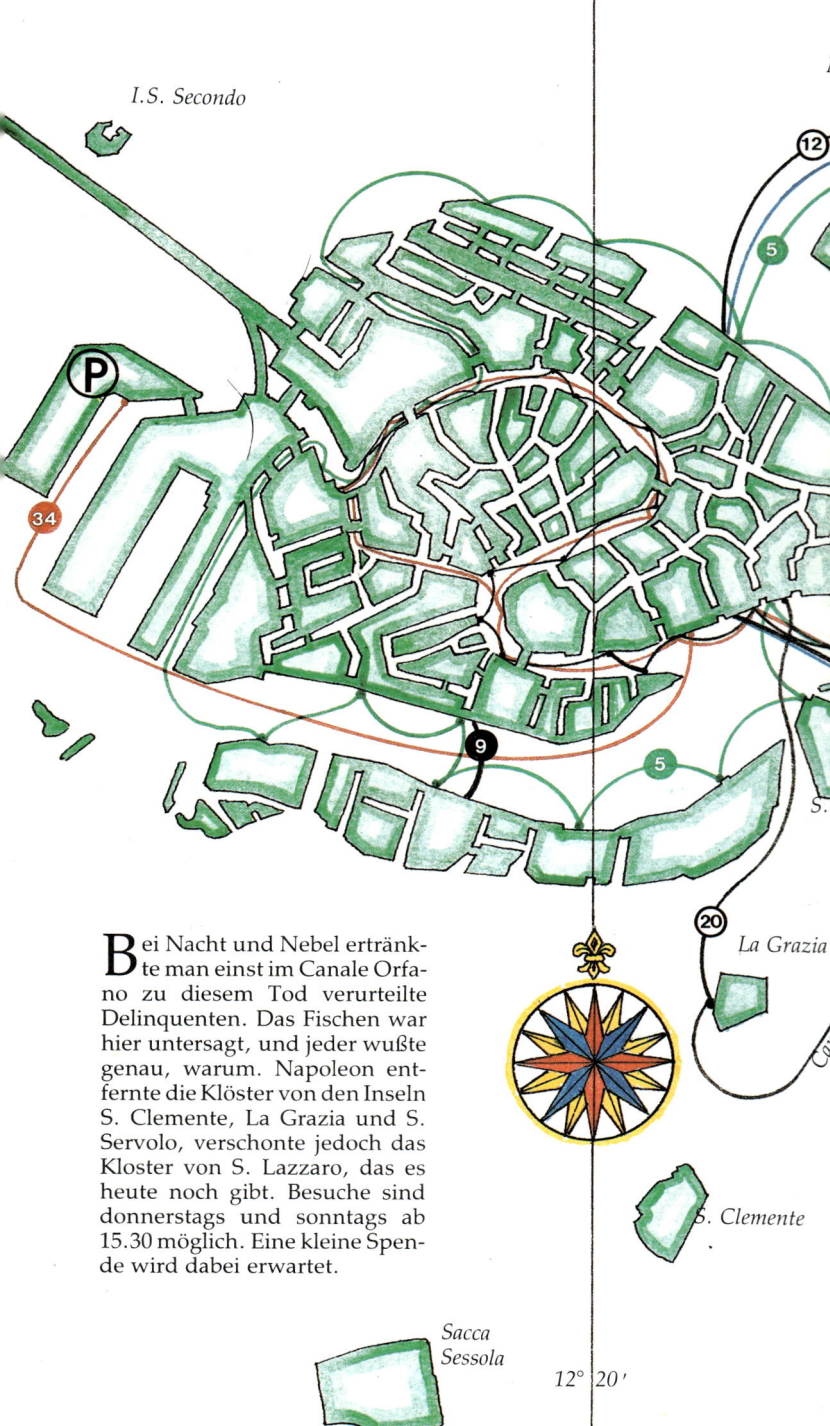

Bei Nacht und Nebel ertränkte man einst im Canale Orfano zu diesem Tod verurteilte Delinquenten. Das Fischen war hier untersagt, und jeder wußte genau, warum. Napoleon entfernte die Klöster von den Inseln S. Clemente, La Grazia und S. Servolo, verschonte jedoch das Kloster von S. Lazzaro, das es heute noch gibt. Besuche sind donnerstags und sonntags ab 15.30 möglich. Eine kleine Spende wird dabei erwartet.

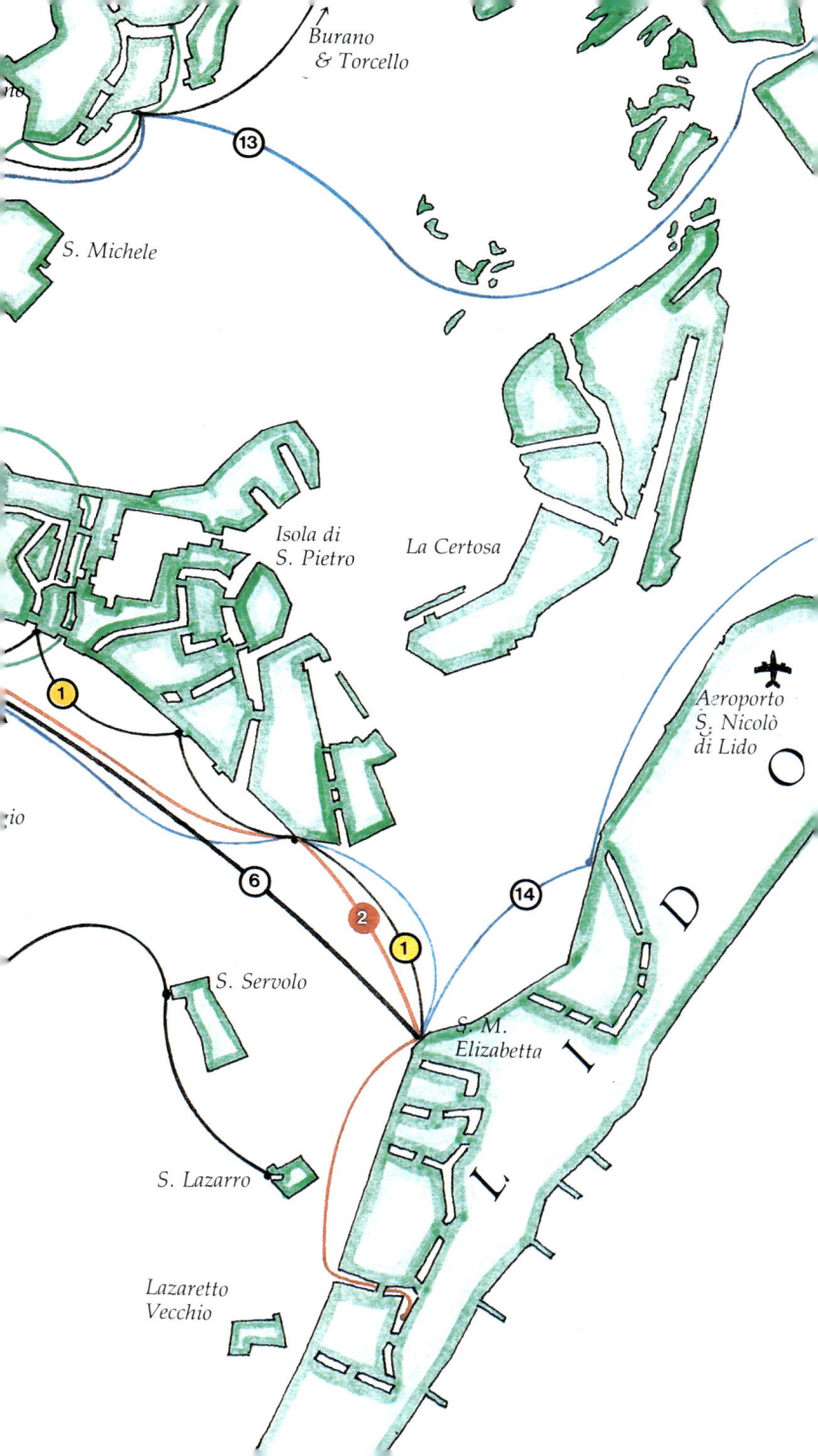

Giudecca S. Giorgio

Diese acht Inseln trugen ursprünglich den Namen *Spinalunga*. Warum sie in *Giudecca* oder, wie die älteren Venezianer sagen, *Zuecca* umbenannt wurden, bleibt umstritten. Die einen sagen, hier hätte sich im 13. Jh. eine jüdische (*giudeo* oder *zudio*) Kolonie befunden. Andere behaupten, hier hätte man Adlige gefangengehalten, die wegen kleinerer Verbrechen verurteilt (*giudicato* auf italienisch, *zudegà* auf venezianisch) worden waren. Ein bekannter Exilbewohner war Michelangelo, der 1529 freiwillig hierherkam und drei Jahre blieb.

Harrys Dolci
Essen, das es auch in »Harrys Bar« gibt, aber zu niedrigeren Preisen.

Mulino Stucky
Aufgegebene Mühle des 19. Jh.

Il Redentore
Die Pestepidemie von 1576 forderte 50 000 Opfer. Es dauerte bis zum dritten Julisonntag des darauffolgenden Jahres, bis die Katastrophe offiziell für beendet erklärt wurde. Seit dieser Zeit trägt jedes Jahr eine Bootsbrücke eine Pilgerprozession zur Kirche des Erlösers, die im Jahr des Epidemie-Endes von Andrea Palladio neu entworfen wurde. Die Feierlichkeiten enden mit einem großen Feuerwerk, das jeder bewundert, der einen Platz auf einem Boot ergattern kann. Im Inneren der Kirche befinden sich Malereien von Veronese und Vivarini. Öffnungszeiten: 7.00–12.00, 15.30–19.30.

Hotel Cipriani
Es besitzt den einzigen Swimmingpool im Zentrum Venedigs.

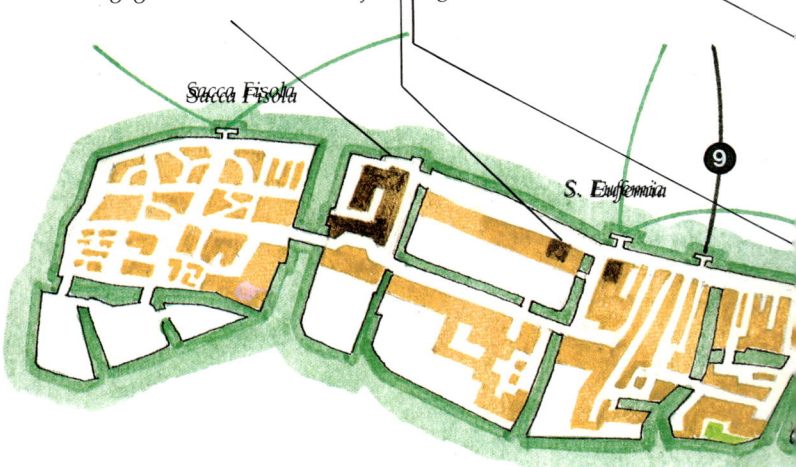

Giudecca S. Giorgio

Le Zitelle
Eine weitere Kirche von Palladio. Sie erhielt ihren Namen (»Die Jungfrauen«) von einem angrenzenden Heim für alleinstehende Frauen.

Bevor die Isola S. Giorgio 982 den Benediktinern für den Bau eines Klosters überlassen wurde, trug sie den Namen »Zypresseninsel«. Einige dieser Bäume wachsen immer noch im Kreuzgang.

S. Giorgio Maggiore
Dieses Meisterwerk Palladios war 1610 vollendet. Im hellen, großzügig wirkenden Inneren befand sich einst Veroneses Gemälde von der Hochzeit zu Kanaan, das Napoleon in den Pariser Louvre bringen ließ. Im linken hinteren Teil befinden sich Werke von Tintoretto, Jacopo Bassano und anderen Künstlern.

Campanile
Ein Fahrstuhl bringt die Besucher nach oben, von wo aus sich ein prachtvoller Ausblick eröffnet. Benedetto Buratti errichtete den Turm 1791.

Kloster
Das Gebäude wurde 1952 von der Cini-Gesellschaft vor dem Verfall gerettet und restauriert. Heute ist es für Ausstellungen geöffnet.

Teatro Verde
Hier werden häufig Opern und Schauspiele aufgeführt.

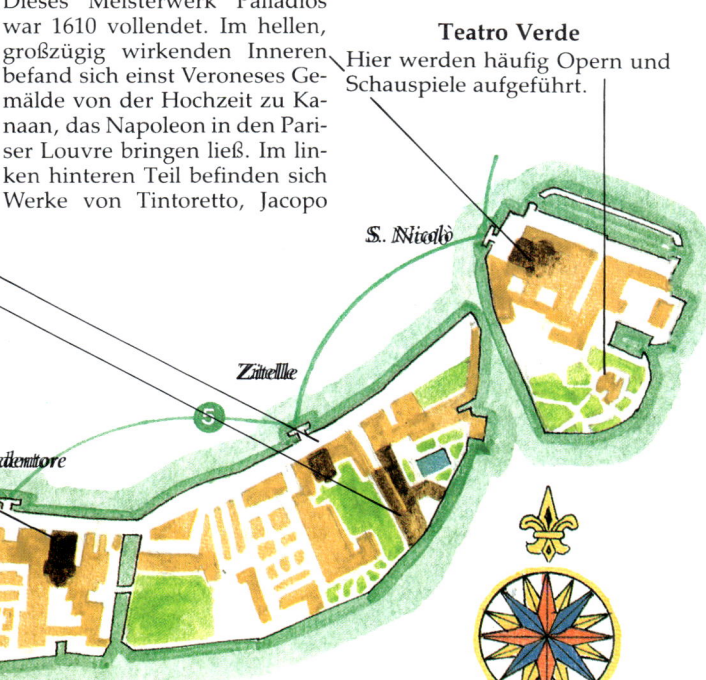

Murano

Die Insel der Glasbläser

Die Glasbläser kamen 1291 hierher. Die einen sagen, um die Feuergefahr in Venedig zu bannen, die anderen, um die Geheimnisse dieser Kunst vor den neugierigen Augen Fremder zu verbergen. Schon von alters her besaß Venedig ein Monopol auf die Glasbläserei in Europa. Die Glasbläser genossen so große Achtung, daß man ihren Töchtern gestattete, in den Adel einzuheiraten. Kam einem Meister einmal der Gedanke auszuwandern, so wurde er in Abwesenheit zum Tode verurteilt, und man schickte vom Dogen gedungene Mörder hinterher, die dieses Urteil möglichst schnell vollstrecken sollten. Ihre bevorzugte Waffe war der »venezianische Dolch«, der eine kleine, messerscharfe Klinge aus Murano-Glas hatte. Stieß man ihn in den Körper des Opfers, so löste sich die Klinge im Griff und hinterließ nur einen kleinen, harmlos wirkenden Kratzer. Dennoch – einige der Auswanderer entkamen ihren Verfolgern, und man nimmt an, daß die Glasbläserei in Böhmen und Flandern von Leuten aus Murano eingeführt wurde. Im 17. Jh. war dann auch das Monopol verloren, aber der Ruhm ist bis heute geblieben.

SS. Maria e Donato
1125 kehrte eine auf Reliquienraub spezialisierte Truppe mit den sterblichen Überresten des hl. Donatus aus Epirus zurück. Seine Reliquien fanden in dieser herrlichen romanischen Kirche einen neuen Ruheplatz, die noch im gleichen Jahrhundert vollendet wurde. Die romanischen Doppelsäulen an der Fassade kamen nach einem anderen Beutezug hierher. Der Mosaikfußboden im Inneren stammt von 1140. In der Halbkuppel der Apsis befindet sich ein Madonnenmosaik auf Goldgrund (13. Jh.).

Museo Vetrario
In der im 17. Jh. erbauten Ca' Giustinian werden über 4000 Kunstwerke aus Glas ausgestellt. Die Exponate umfassen Stücke von der römischen Epoche bis zur Gegenwart, so beispielsweise den berühmten Barovia-Hochzeitskelch von 1475.

S. Pietro Martire
Hier befinden sich zwei Altargemälde von Giovanni Bellini: »Der Doge Agostino Barbarigo vor Maria« (1488) und eine »Himmelfahrt«.

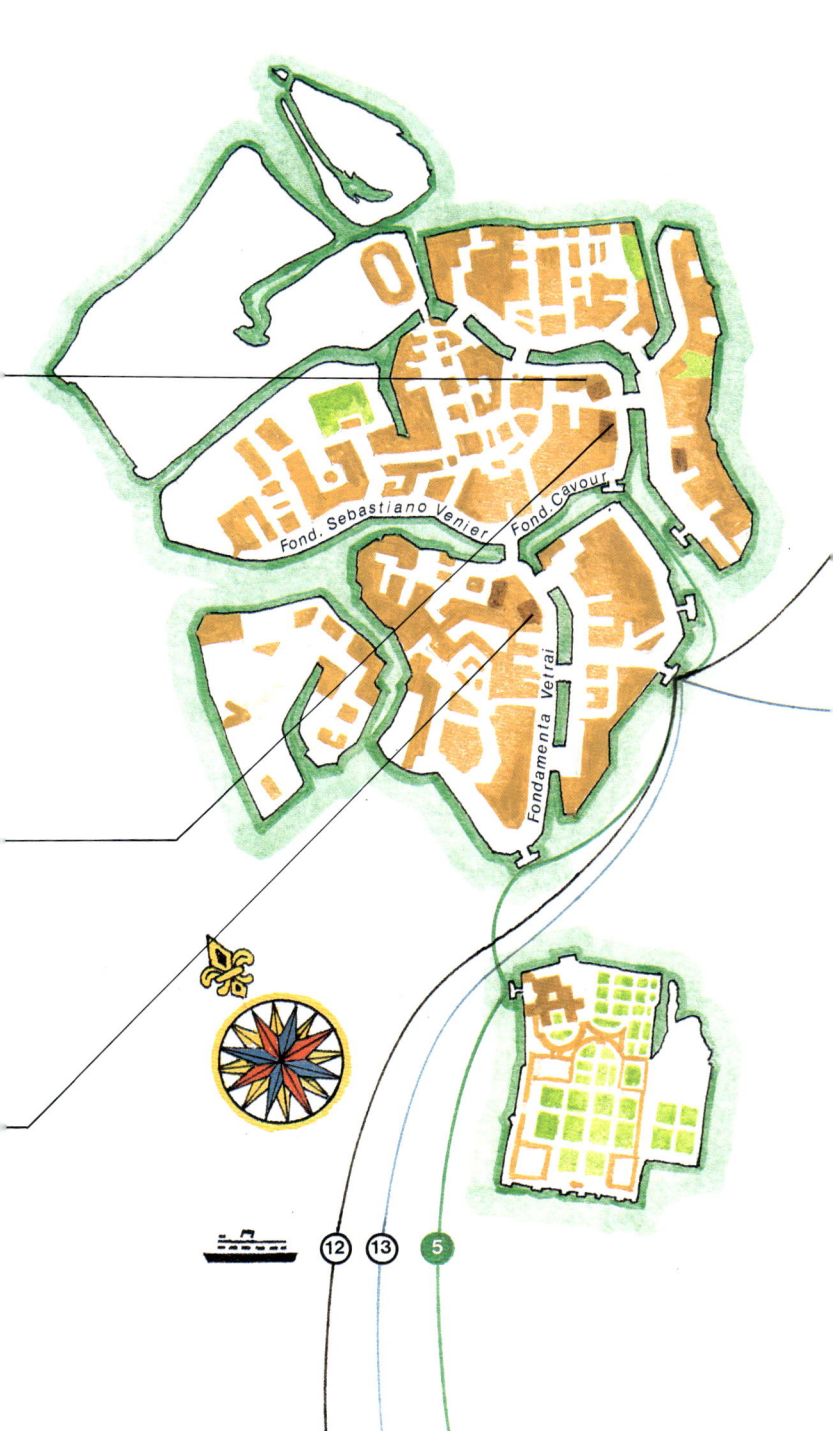

Torcello & Burano

Gott befahl Paolo, dem Bischof von Altinum, auf einen Turm zu steigen und die Sterne zu betrachten. Diese würden ihm den Weg zeigen, auf dem er seine Gemeinde vor den heranrückenden Lombarden in Sicherheit bringen sollte. Man schrieb das Jahr 639, und der Ort, an den die Flüchtlinge kamen, erhielt zur Erinnerung an den kleinen Turm, den der Bischof bestiegen hatte, den Namen Torcello. Die kleine Gemeinde umfaßte bald 30 000 Mitglieder. Aber im Laufe der Jahrhunderte legte Schlamm die Kanäle trocken und Malaria dezimierte die Bevölkerung. Heute leben hier nur noch an die 100 Menschen.

Im Gegensatz dazu sprudelt Burano geradezu vor Leben. Die in hellen Farben angestrichenen Häuser und die Miniaturkanäle machen es zur schönsten Insel der Lagune. Burano war einstmals berühmt für seine Spitzen, aber die Kunst wurde nach dem Fall der Republik vernachlässigt und starb schließlich aus. Die Kenntnisse einer einzigen alten Frau sollen sie jedoch vor der endgültigen Vergessenheit bewahrt haben. Nach traditionellen Mustern gefertigte Kunstwerke können in der Klöppelschule besichtigt werden. Die Billigware wird dagegen von einer anderen Insel importiert – aus Hongkong nämlich.

Kathedrale

S. Maria dell' Assunta auf Torcello ist mit ihren steinernen Jalousien, die in steinernen Angeln verankert sind, das älteste Gebäude in der Lagune. Der rechts vom Hochaltar befindliche Grundstein wurde 639 gelegt. In der Kathedrale kann man einige der schönsten byzantinischen Mosaike sehen, die es gibt. An der Eingangswand ist das Jüngste Gericht dargestellt. Der Hochaltar wird von einer Madonna beherrscht. Alle Kunstwerke stammen aus dem 12. und 13. Jh. Öffnungszeiten: 10.00–12.30, 14.00–18.30 (im Winter 16.30).

Locanda Cipriani

Das Gebäude gehört zu »Harrys Bar« und besitzt einige Gästezimmer. Geschlossen am Montag und vom 15. November bis zum 17. März.
Telefon: 73 01 50.

Scuola dei Merletti

Klöppelschule.
Öffnungszeiten: 9.00–18.00.
Dienstag geschlossen.

S. Martino

Die Kirche mit dem schiefen Campanile birgt G. B. Tiepolos Kreuzigungsgemälde.

Tre Stelle da Romano

Trattoria mit Meeresfrüchtespezialitäten. Telefon: 73 00 30.

Lido di Venezia

Die Buhne Lido machte Venedig erst möglich. Weder das Meer noch herannahende fremde Heere konnten so an die Stadt heran. Im Mittelalter lagerten hier die Kreuzritter, während die Venezianer den Preis für die Überfahrt ins Heilige Land aushandelten. Seit der Jahrhundertwende sind die »Eroberer« friedlicher geworden. Dies ist der Original-Lido, nach dem alle anderen benannt wurden.

Palazzo del Cinema
Hier findet alljährlich das venezianische Filmfestival statt (letzte August-/erste Septembertage).

Hôtel des Bains
Die Kulisse für Thomas Manns »Tod in Venedig« und den nach der literarischen Vorlage gedrehten Film.

Casino
Ab 13.45 kann man während der Sommermonate jede halbe Stunde mit dem Casino-Expreß hierher fahren.

S. Nicolò

Die Venezianer waren äußerst ungehalten, als die Bewohner des süditalienischen Bari 1087 die sterblichen Überreste des hl. Nikolaus aus seinem Grab in Lydien stahlen. Sie waren so böse, daß sie die Anwesenheit von Papst Urban II. in Bari anläßlich der Einweihung der neuen Begräbnisstätte des Heiligen einfach ignorierten. Bischof Enrico reiste von Venedig nach Myra und verlangte, ungeachtet der Proteste der Wachen, die Übergabe der nicht mehr vorhandenen Reliquien. Man erzählte, daß er sich auf die Knie geworfen und um das Erscheinen der Reliquien gebetet habe. Und prompt geschah ein großes Wunder. Die »glückliche Erscheinung« endete damit, daß er am Nikolaustag des Jahres 1100 im Triumphzug nach Venedig zurückkehrte und eine Reliquie mitbrachte, die über Jahrhunderte zahllose zahlungskräftige Pilger anziehen sollte.

Lido-Hotels

Byron Central Hotel
Via Bragadin 30
T. 5 26 00 52; Telex 4 33 109
April – 15. Oktober
36 Zimmer
AMEX VISA
☆☆

Quattro Fontane
Via 4 Fontane 16
T. 5 26 02 27; Telex 4 11 006
17. April – 1. Oktober
70 Zimmer
AMEX
☆☆☆☆

Excelsior
Lungomare Marconi 41
T. 5 26 02 01; Telex 4 10 023
15. April – 20. Oktober
230 Zimmer
AMEX DINERS MASTER VISA
☆☆☆☆☆

Le Boulevard
Gran Viale S.M. Elisabetta 41
T. 5 26 19 90; Telex 4 10 185
Januar geschlossen
45 Zimmer
AMEX DINERS MASTER VISA
☆☆☆

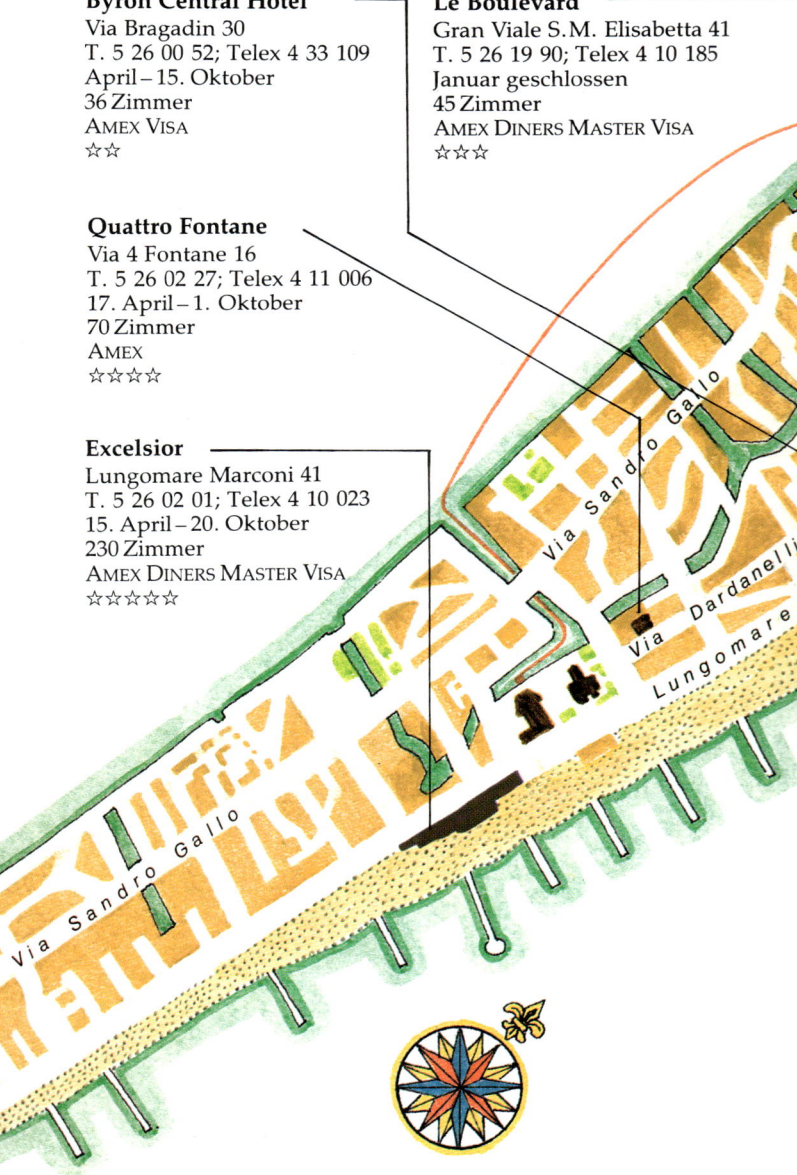

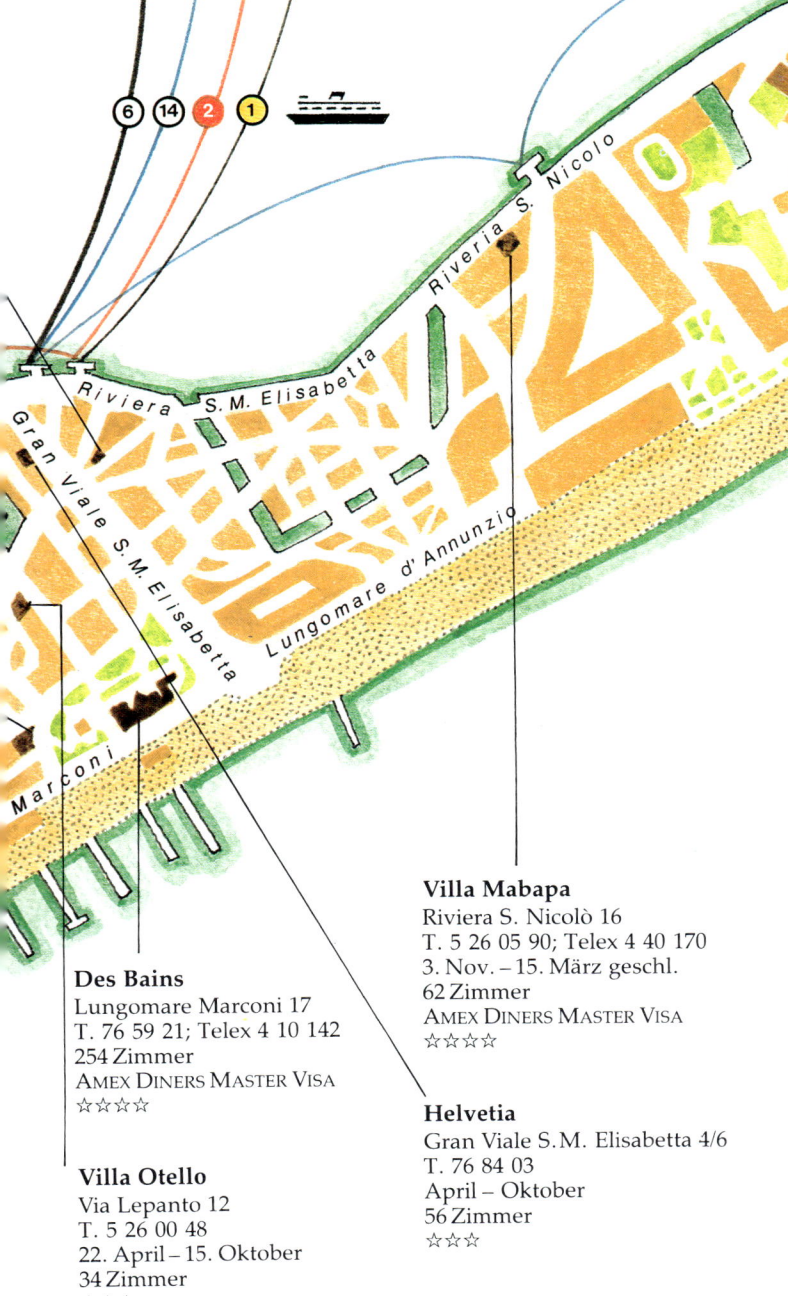

Villa Mabapa
Riviera S. Nicolò 16
T. 5 26 05 90; Telex 4 40 170
3. Nov. – 15. März geschl.
62 Zimmer
AMEX DINERS MASTER VISA
☆☆☆☆

Des Bains
Lungomare Marconi 17
T. 76 59 21; Telex 4 10 142
254 Zimmer
AMEX DINERS MASTER VISA
☆☆☆☆

Helvetia
Gran Viale S.M. Elisabetta 4/6
T. 76 84 03
April – Oktober
56 Zimmer
☆☆☆

Villa Otello
Via Lepanto 12
T. 5 26 00 48
22. April – 15. Oktober
34 Zimmer
☆☆☆

Hotels

La Fenice
Campiello de la Fenice 1936
Post 30124; T. 5 23 23 33
Telex 4 11 150
67 Zimmer
Kein Restaurant
☆☆☆

Saturnia-International
Calle Larga 22 Marzo 2398
Post 30124; T. 70 83 77
Telex 4 10 355. Palast des 14. Jh.
97 Zimmer
AMEX DINERS MASTER VISA
☆☆☆☆

Gritti Palace
Campo S. Maria Giglio 2467
Post 30124; T. 79 46 11
Telex 4 10 125. Palast des 15. Jh.
99 Zimmer
AMEX DINERS MASTER VISA
☆☆☆☆☆

Europa & Regina
Calle Larga 22 Marzo 2159
Post 30124; T. 70 04 77
Telex 4 10 123
197 Zimmer
AMEX DINERS MASTER VISA
☆☆☆☆☆

Bauer-Grünwald
Campo S. Moisè 1459
Post 30124; T. 5 23 15 20
Telex 4 10 075
214 Zimmer
AMEX DINERS MASTER VISA
☆☆☆☆☆

Monaco & Grand Canal
Calle Vallaresso 1325
Post 30124; T. 70 02 11
Telex 4 10 450
75 Zimmer
AMEX VISA
☆☆☆☆

Hotels

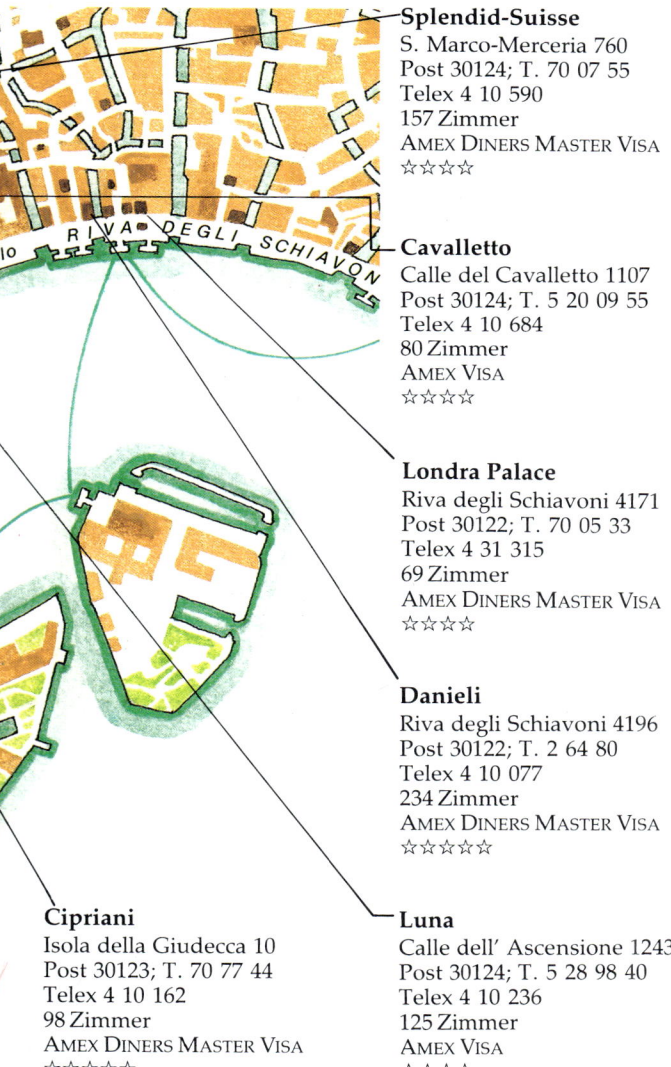

Splendid-Suisse
S. Marco-Merceria 760
Post 30124; T. 70 07 55
Telex 4 10 590
157 Zimmer
AMEX DINERS MASTER VISA
☆☆☆☆

Cavalletto
Calle del Cavalletto 1107
Post 30124; T. 5 20 09 55
Telex 4 10 684
80 Zimmer
AMEX VISA
☆☆☆☆

Londra Palace
Riva degli Schiavoni 4171
Post 30122; T. 70 05 33
Telex 4 31 315
69 Zimmer
AMEX DINERS MASTER VISA
☆☆☆☆

Danieli
Riva degli Schiavoni 4196
Post 30122; T. 2 64 80
Telex 4 10 077
234 Zimmer
AMEX DINERS MASTER VISA
☆☆☆☆☆

Cipriani
Isola della Giudecca 10
Post 30123; T. 70 77 44
Telex 4 10 162
98 Zimmer
AMEX DINERS MASTER VISA
☆☆☆☆

Luna
Calle dell' Ascensione 1243
Post 30124; T. 5 28 98 40
Telex 4 10 236
125 Zimmer
AMEX VISA
☆☆☆☆

Hotels

San Cassiano
Santa Croce 2232
Post 30125; T. 70 54 77
Telex 2 23 479 Canal Grande
35 Zimmer
AMEX DINERS
☆☆☆

Torino
Calle delle Ostreghe 2356
Post 30124; T. 5 20 52 22
Kein Restaurant
20 Zimmer
AMEX DINERS MASTER VISA
☆☆☆

Ala
Campo S. Maria del Giglio 2494
Post 30124; T. 70 83 33
Telex 4 10 275
80 Zimmer
AMEX DINERS MASTER VISA
☆☆☆

Do Pozzi
Calle Larga 22 Marzo 2373
Post 30124; T. 70 78 55
35 Zimmer
AMEX DINERS MASTER VISA
☆☆☆

Flora
Calle Larga 22 Marzo 2283a
Post 30124; T. 5 20 58 44
Kleiner Blumengarten
44 Zimmer
AMEX DINERS MASTER VISA
☆☆☆

San Moise
San Marco 2058
Post 30124; T. 70 37 55
Telex 2 23 534
18 Zimmer
KEINE KREDITKARTEN
☆☆☆

Hotels

San Marco
Calle dei Fabbri 877
Post 30124; T. 70 42 47
Telex 2 15 660
60 Zimmer
AMEX DINERS MASTER VISA
☆☆☆

Concordia
Calle Larga S. Marco 367
Post 30124; T. 5 20 68 66
Telex 4 11 069
60 Zimmer
AMEX VISA
☆☆☆

Gabrielli Sandwirth
Riva degli Schiavoni 4110
Post 30122; T. 5 23 15 80
Telex 4 10 228
110 Zimmer
AMEX DINERS MASTER VISA
☆☆☆☆

Metropole
Riva degli Schiavoni 4149
Post 30122; T. 70 50 44
Telex 4 10 340
64 Zimmer
AMEX DINERS MASTER VISA
☆☆☆☆

Panada
Calle dei Specchieri 646
Post 30124; T. 5 20 90 88
Telex 4 10 153
46 Zimmer
AMEX DINERS MASTER VISA
☆☆☆

Savoia & Jolanda
Riva degli Schiavoni 4187
Post 30122; T. 70 66 44
Telex 4 10 620
56 Zimmer
AMEX MASTER VISA
☆☆☆

Hotels

Brooklyn
Calle dei Fabbri 4712
Post 30124; T. 5 22 32 27
12 Zimmer
KEINE KREDITKARTEN
☆☆

Serenissima
Calle Goldoni 4486
Post 30124; T. 70 00 11
34 Zimmer
AMEX VISA
☆☆

Bonvecchiati
Calle Goldoni 4488
Post 30124; T. 5 28 50 17
Telex 4 10 560
86 Zimmer
AMEX MASTER
☆☆☆

San Fantin
Campiello della Fenice 1930a
Post 30124; T. 5 23 14 01
April bis 10. November
14 Zimmer
KEINE KREDITKARTEN
☆☆

Kette
Piscina S. Moisè 2053
Post 30124; T. 5 22 27 30
Telex 3 11 877
51 Zimmer
AMEX DINERS MASTER VISA
☆☆☆

Ateneo
Calle Minelli 1876
Post 30124; T. 70 05 88
23 Zimmer
AMEX MASTER VISA
☆☆

Hotels

Bartolmeo
S. Marco 5494
Post 30124; T. 5 23 53 87
30 Zimmer
AMEX DINER'S MASTER VISA
☆☆

Scandinavia
S. Maria Formosa 5240
Post 30122; T. 5 22 35 07
27 Zimmer
AMEX DINERS VISA
☆☆

Montecarlo
Calle dei Specchieri 463
Post 30124; T. 70 71 44
Telex 4 11 098
48 Zimmer
AMEX DINERS MASTER VISA
☆☆☆

Bisanzio
Calle della Pietà 3651
Post 30122; T. 7 03 11
40 Zimmer
AMEX MASTER VISA
☆☆☆

Castello
Calle Figher Castello 4365
Post 30122; T. 5 23 02 17
Telex 3 11 879
26 Zimmer
AMEX DINERS MASTER VISA
☆☆☆

Patria & Tre Rose
Calle dei Fabbri 905
Post 30124; T. 5 22 24 90
31 Zimmer
MASTER VISA
☆☆☆

Restaurants

★Antico Martini
Campo S. Fantin 1983
T. 5 22 41 21
Dienstag und Mittwochmittag geschlossen
AMEX DINERS MASTER
$$$$$+15%

Taverna la Fenice
Campiello della Fenice 1938
T. 5 22 38 56
Sonntag und Montagmittag geschlossen
AMEX DINERS MASTER VISA
$$$$$+15%

★La Caravella
Calle Larga 22 Marzo 2397
T. 70 89 01; Menu à la carte
Mittwoch geschlossen
AMEX DINERS MASTER VISA
$$$$+12%

Al Giglio
Campo S. Maria de Giglio 2477
T. 3 23 68
Mittwoch geschlossen
AMEX DINERS MASTER VISA
$$$+15%

★Noemi
Calle dei Fabbri 909
T. 5 22 52 38; elegant
Sonntag und Montagmittag geschlossen
AMEX DINERS MASTER VISA
$$$+15%

★★Harry's Bar
Calle Vallaresso 1323
T. 5 23 67 97; Prominentenbar
Montag geschlossen
AMEX DINERS MASTER VISA
$$$$$+20%

Restaurants

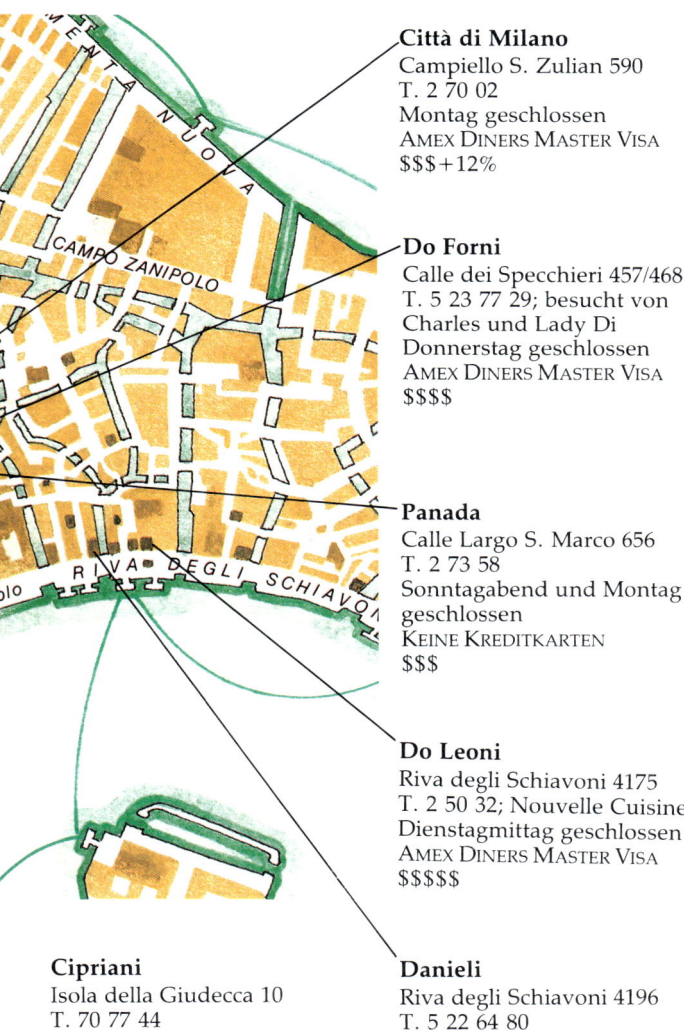

Città di Milano
Campiello S. Zulian 590
T. 2 70 02
Montag geschlossen
AMEX DINERS MASTER VISA
$$$+12%

Do Forni
Calle dei Specchieri 457/468
T. 5 23 77 29; besucht von
Charles und Lady Di
Donnerstag geschlossen
AMEX DINERS MASTER VISA
$$$$

Panada
Calle Largo S. Marco 656
T. 2 73 58
Sonntagabend und Montag
geschlossen
KEINE KREDITKARTEN
$$$

Do Leoni
Riva degli Schiavoni 4175
T. 2 50 32; Nouvelle Cuisine
Dienstagmittag geschlossen
AMEX DINERS MASTER VISA
$$$$$

Cipriani
Isola della Giudecca 10
T. 70 77 44
AMEX DINERS MASTER VISA
$$$$$

Danieli
Riva degli Schiavoni 4196
T. 5 22 64 80
AMEX DINERS MASTER VISA
$$$$$

Restaurants

Al Campiello
Calle dei Fuseri 4346
T. 70 63 96
Montag geschlossen
AMEX DINERS MASTER VISA
$$$+13%

Da Ivo
Calle dei Fuseri 1809
T. 5 28 50 04;
Toskanische Küche
Sonntag geschlossen
AMEX DINERS MASTER VISA
$$$+13%

La Colomba
Piscina di Frezzeria 1665
T. 5 22 11 75;
hauptsächlich Fisch
Mittwoch geschlossen
AMEX DINERS MASTER VISA
$$$+12%

Al Teatro
Campo S. Fantin 1916
T. 2 10 52; auch Café/Bar
Montag geschlossen
AMEX DINERS MASTER VISA
$$$+12%

Da Raffaele
Fondamenta
delle Ostreghe 2347
T. 5 23 23 17; Tische im Freien
Freitag geschlossen
AMEX DINERS MASTER VISA
$$$+12%

Restaurants

Da Bruno
Calle del Paradiso 5731
T. 5 22 14 80
Dienstag geschlossen
KEINE KREDITKARTEN
$$+10%

Al Conte Pescaor
Piscina S. Zulian 544
T. 5 22 14 83
Sonntag und Montagmittag geschlossen
AMEX DINERS MASTER VISA
$$$

Al Giardinetto
Salizzada Zorzi 4928
T. 5 28 53 32; Garten
Samstag geschlossen
AMEX DINERS VISA
$$+12%

Antico Pignolo
Calle dei Specchieri 451
T. 2 81 23; Fisch
Dienstag geschlossen
AMEX DINERS MASTER VISA
$$$

Malamocco
Campiello del Vin 4650
T. 2 74 38; Garten
Freitag geschlossen
KEINE KREDITKARTEN
$$$

Restaurants

Nono Risorto
Sottoportego della Croce 2337
T. 2 76 30; Trattoria mit Pergola
Dienstag geschlossen
KEINE KREDITKARTEN
$–$$

Osteria da Fiore
Calle del Scaleter 2202
T. 72 13 08
Sonntag, Montag geschlossen
AMEX DINERS
$$–$$$

Antica Trattoria Poste Vecie
Pescaria 1608
T. 72 18 22; typische Trattoria
Montagabend und Dienstag
geschlossen
KEINE KREDITKARTEN
$$–$$$

La Madonna
Calle della Madonna 594
T. 5 22 38 24; Trattoria
Mittwoch geschlossen
KEINE KREDITKARTEN
$$+11%

Harry's Dolci
Fondamenta S. Biagio 773
T. 2 48 44
Montag geschlossen
AMEX DINERS MASTER VISA
$$–$$$

Restaurants

A la Vecia Cavana
Rio Terrà SS. Apostoli 4624
T. 5 28 71 06
Dienstag geschlossen
AMEX DINERS MASTER VISA
$$–$$$+12%

Fiaschetteria Toscana
S. Giovanni Crisostomo 5719
T. 5 28 52 81
Dienstag geschlossen
MASTER VISA
$$+12%

★Al Graspo de Ua
Calle dei Bombaseri 5094
T. 5 22 36 47; Taverna
Montag, Dienstag geschlossen
AMEX DINERS MASTER VISA
$$$+16%

Al Pozzo
Calle dei Fabbri 1016
T. 2 36 49
Montag geschlossen
KEINE KREDITKARTEN
$$+12%

Antica Carbonera
Calle Bembo 4648
T. 5 22 54 79; Trattoria
Dienstag geschlossen
AMEX DINERS MASTER VISA
$$–$$$+12%

Veranstaltungen

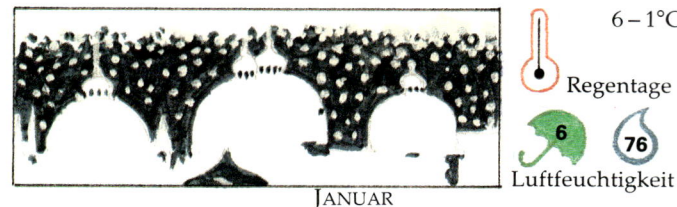

6 – 1°C
Regentage
6
76
Luftfeuchtigkeit

JANUAR

Ausstellungen
Das neue Jahr beginnt mit verschiedenen Ausstellungen in den zahllosen Galerien, Kirchen und *Palazzi*. Eine genaue Liste findet sich im kostenlos erhältlichen »*Un Ospite di Venezia*«.

8 – 2°C
6
76

FEBRUAR

Karneval
Die Festlichkeiten finden während der beiden Wochen vor Beginn der Fastenzeit statt. Man trägt Tag und Nacht Masken und Kostüme, und es gibt eine ganze Reihe von Veranstaltungen in der Stadt.

12 – 5°C
7
68

MÄRZ

Frühlingskasino
Gegen Ende März kehrt das Casino auf den Lido zurück

Fechten
Der Pokal der Stadt Venedig wird im Sportzentrum des Arsenale vergeben.

Veranstaltungen

17 – 10°C

9   67

APRIL

Frühlingskonzerte
In den Kirchen und Theatern der Stadt finden verschiedene Konzerte statt.

Fest des heiligen Markus
Am 25. April finden Festgottesdienste statt mit der Pala d'Oro auf dem Altar.

21 – 14°C

8   69

MAI

Vogalonga
Der Ruderwettbewerb findet am Sonntag nach Himmelfahrt statt. Teilnehmen kann jeder, der die 32 km von der Markuskirche bis Burano und zurück rudern möchte. Start ist um 9.30, die Boote kehren nach 15.00 zurück.

25 – 17°C

 8   65

JUNI

Biennale
In jedem Jahr mit gerader Endzahl findet eine internationale Ausstellung moderner Kunst in den Pavillons der öffentlichen Gärten und an anderen Plätzen der Stadt statt.

Veranstaltungen

JULI

27 – 19°C

7   64

Redentore

Am dritten Julisonntag wird über den Giudecca-Kanal eine Brücke aus Booten gebaut, und eine Pilgerprozession zieht zur Erlöserkirche. Das Fest endet mit einem großen Feuerwerk.

Tanzfestival

AUGUST

27 – 18°C

7   63

Filmfestival

Ende August/Anfang September findet im Palazzo del Cinema auf dem Lido das internationale Filmfestival statt. Zwei Wochen lang werden auf dieser berühmten Show rund um die Uhr Filme vorgeführt.

SEPTEMBER

24 – 16°C

5   64

Regata Storica

Am ersten Septembersonntag beginnt die Regatta mit einer Prozession historischer Boote, die von kostümierten Ruderern gelenkt werden.

Herbstkonzerte

Die Saison beginnt erneut.

Veranstaltungen

 19 – 11°C

Oktober

Herbstcasino
Bei Schließung des Lido kehrt das Casino in die Ca' Vendramin, sein Winterquartier, zurück.

Musik
Die Saison beginnt mit Konzerten in der ganzen Stadt.

12 – 17°C

November

Festa della Salute
Zwei Bootsbrücken überspannen am 21. November den Canal Grande, eine bei Dogana, die andere am Campo S. Maria del Giglio.

8 – 3°C

Dezember

Oper und Ballett
Die Saison dauert bis Mai, und es finden Veranstaltungen im Fenice- und Malibran-Theater statt.

Konzerte
Es gibt alljährlich zahlreiche Weihnachtskonzerte.

Notfälle

113

POLIZEI

FEUER

AMBULANZ

Keine Telefongebühren. Man wird gefragt, welchen Notdienst man benötigt.

AMBULANZ
BLAUES KREUZ
5 23 00 00
Mestre 98 89 88

POLIZEI
Carabinieri
Notdienst 1 12
Vigili Urbani 2 40 63
Questura 70 32 22

ARZT/ZAHNARZT
Siehe gelbe Seiten. Oder folgende Nummern anrufen:
Unita Sanitaria Locale
70 88 11 (3493 Dorsoduro)
3 61 32 (2689 Castello)

FLUGGESELLSCHAFTEN
Alitalia 70 03 55
British Airways 70 56 99
TWA 70 32 19/70 32 20

STRASSENDIENST
Autopanne 1 16

KONSULATE
Argentinien 2 75 03

Notfälle

Belgien 5 22 41 24
Brasilien 70 41 31
Bundesrepublik Deutschland
5 22 51 00
Dänemark 70 68 22
Frankreich 5 22 23 92/5 22 43 19
Griechenland 5 23 72 60
Großbritannien 2 72 07
Guatemala 5 22 25 32
Holland 5 22 55 44
Liberia 5 22 48 09
Luxemburg 5 22 20 47
Mexiko 5 23 74 45
Monaco 5 22 30 93
Norwegen (Mestre) 96 20 50
Österreich 70 04 59
Portugal 5 22 34 46
Panama 76 66 47
San Marino 70 44 22
Schweden 79 16 11
Schweiz 5 22 59 96/70 39 44
Spanien 70 45 10
USA (Triest) (0 40) 6 87 28

FUNDBÜRO
Flughafen (Marco Polo)
66 12 66

Bahnhof 71 61 22

TOURIST INFORMATION
Flughafen 66 12 62
Bahnhof 71 55 55
Hafen (tagsüber) 70 30 44
Hafen (nachts) 70 56 00

POSTAMT
Fondaco dei Tedeschi
70 41 43

Bibliographie

Battilana, Marilla, English Writers and Venice 1350 – 1950. Venedig 1981
Blauer Führer, Venetien. Neueste Auflage
Dieckmann, Friedrich, Richard Wagner in Venedig. Eine Collage. Neuwied o. J.
Honour, Hugh, Venedig. Ein Führer. München 1973
Huse, Norbert und *Wolters, Wolfgang*, Venedig, die Kunst der Renaissance. Architektur, Skulptur, Malerei 1460 – 1590. München 1986
Impressionen aus Venedig. Die Stadt und ihr Karneval. Frankfurt 1985
Kendall, Alan, Vivaldi. London 1978
Knaurs Kulturführer Venedig und Venetien. München 1986
Lauritzen, Peter, Venezianische Paläste. München 1979
Liebermann, Ralph, Renaissance Architecture in Venice. London 1982
Links, J. G., Venice for Pleasure. London 1966
Links, J. G., Canaletto. Stuttgart 1982
McCarthy, Mary, Venice Observed. London 1956
Michelin-Führer Italien. Neueste Auflage
Morris, James, Dreimal Venedig. München 1983
Norwich, John Julius, A History of Venice. London 1977, 1981, 1982
Pizzarello, Ugo, Boats in Venice. Venedig 1984
Thomas, Peter, Das Fest der Masken. Karneval in Venedig. Wels 1987
Tosini, A. und *Lazzari, A.*, Goethe in Venedig. Reiseberichte und Gedichte. München 1986
Vasari, Giorgio, Lebensgeschichten. Zürich o. J.
Vasari, Giorgio, Lebensläufe der berühmtesten Maler und Architekten. Zürich 1985
Venedig, Brenta-Villen, Chioggia, Murano, Torcello, Baudenkmäler und Museen. Ditzingen 1974
Venedig, Stadt und Provinz. München 1974
Vidal, Gore, Vidal in Venice. London 1985
Villa, Giancarlo, An Introduction to Venice. Venedig 1983
Vittorio, Eugenio, The Gondolier and his Gondola. Venedig 1979
Zorzi, Alvise, Venedig. Eine Stadt, eine Republik, ein Weltreich. München 1981

Register

Abbazia di S. Gregorio (ex), 113
Accademia-Brücke, 56
Accademia Gallerie, 57, 114
Addison, Joseph, 13, 146
Ala Napoleonica, 70
Alexander III, Papst, 123
Angelo Raffaele, 124
Anglikanische Kirche (St. Georg), 112
Archäologisches Museum, 69
Archiv, staatliches, 98
Aretino, Pietro, 8, 36, 134
Argentinisches Konsulat, 35
Armenisches Kloster, 156
Arsenale, 126, 144
Arundel, Herzogin von, 49
Ateneo Veneto, 141

Bach, Johann Sebastian, 11
Balbi, Nicolò, 50
Banco Giro, 97
Barbaro, Antonio, 139
Barbarossa, Friedrich, 123
Bassano, Jacopo, 84, 86, 118, 119, 159
Bauer Grünwald, Hotel, 66, 141
Bellini, Gentile, 70, 121
Bellini, Giovanni, 90, 101, 115, 116, 122, 142, 148, 153, 160
Belloni, Girolamo, 28
Bembo, Cardinal Pietro, 41
Benzon, Contessa Maria, 45
Biasio, Riva di, 21
Biennale, 32, 66
›Biondina in Gondoletta, La‹, 45
Bolani, Bischof, 37
Bordone, Paris, 116
Bosch, Hieronymus, 85
Botteri, Calle dei, 34
Bragadin, Marcantonio, 153
Braque, Georges, 60
Brenta, 95
Britisches Konsulat, 56
Browning, Robert, 52, 53
Brücke der Fäuste, 109
Brücke des Krieges, 148
Bruno, Giordano, 48
Bucintoro, 123
Burano, 162–163
Byron, Lord, 45, 49

Ca' (casa), 19
Ca' Arian, 125
 Balbi, 50
 Balbi-Valier, 58
 Barbarigo, 30, 46, 58, 61
 Barbaro, 58
 Barzizza, 43
 Belloni-Battagia, 25
 Bembo, 41
 Bembo-Boldu, 133
 Benzon, 45
 Bernardo, 45
 Biondetti, 59
 Bolani-Erizzo, 36
 Businello, 43
 Calbo-Crotta, 19
 Camerlenghi, 37
 Cappello, 93, 104
 Cappello-Layard, 46
 Casetta delle Rose, 59
 Cenedese, 112
 Centani-Goldoni, 102
 Civran, 37
 Civran-Grimani, 49
 Contarini, 25, 63
 Contarini del Bovolo, 140
 Contarini-Corfu, 55
 Contarini-Duodo, 29
 Contarini-Fasan, 63
 Contarini delle Figure, 50
 Contarini-Michele, 32
 Contarini-Polignac, 56
 Contarini degli Scrigni, 55
 Contarini-Seriman, 130
 Corner della Ca' Grande, 60
 Corner-Contarini, 44
 Corner-Martinengo, 43
 Corner-Mocenigo, 103
 Corner della Regina, 32
 Corner-Spinelli, 46
 Corner-Valmarana, 43
 Curti, 46
 Dandolo (Danieli Hotel), 11, 142
 Dandolo-Paolucci, 49
 Dario, 61
 Diedo, 93, 128
 Dolfin, 49, 133
 Dolfin-Manin, 40

Donà, 44, 149
Donà-Balbi, 22
Donà della Madonnetta, 45
Donà delle Rose, 131
Ducà, del, 54
Emo, 29
Erizzo, 29
Falier, 55
Farsetti, 10, 42
Favretto, 33
Flangini, 21
Flangini-Fini, 62
Fontana, 32
Foscari, 18, 34, 51
Gambara, 55
Garzoni, 47
Gatti, 26
Giovanelli, 25, 129
Giusti, 32
Giustinian, 50, 66
Giustinian-Lolin, 55
Giustinian-Persico, 48
Grassi, 53
Grimani, 43, 46
Gritti, 21, 25
Labia, 23
Lezze, da, 31, 129
Loredan, 42, 54, 58, 138
Madame Stern, di, 53
Malipiero, 149
Mangilli-Valmarana, 35
Manolesso-Ferro, 62
Marcello, 22, 29, 56
Marcello dei Leoni, 49
Martinengo, 25, 44
Masieri, 50
Michiel da Brusa, 34
Michiel dalle Colonne, 34
Michiel-Olivo, 103
Minotto, 61
Mocenigo, 49
Mocenigo Nero, 48
Mocenigo Vecchia, 49
Molin, 30
Moro, 54
Moro-Lin, 52
Morosini, 139
Morosini-Brandolin, 33
Morosini-Sagredo, 34
Mosto, da, 36
Nani, 111
Oro, d', 32
Papadopoli, 44
Pesaro, 31, 96
Pesaro-Rava, 31
Pisani-Gritti, 62
Pisani-Moretta, 47

Priuli, 29, 149
Querini, 56
Querini-Papozze, 24
Querini-Stampalia, 148
Rava, 42
Rezzonico, 52
Salviati, 63
Sanudo, 95
Soranzo, 29, 103
Stern, di Madame, 53
Tiepolo, 48, 64
Tiziano, 131
Treves, 65
Tron, 29, 44
Valier, 41
Vendramin-Calergi, 27
Venier-Contarini, 61
Venier dei Leoni, 61
Veronese, 136
Zulian, 30

Campanile, 73
Campo, 19
Canalazzo, 18
Canaletto, 14, 120
Cannaregio, 23
Canova, Antonio, 59, 64, 65, 100, 120, 138
Cappello, Bianca, 104
Carità, La, 56
Carmine, Kirche, 108
Carmini, Scuola dei, 106
Carpaccio, Vittore, 33, 39, 70, 114, 121, 138, 147
Carriera, Rosalba, 59, 120
Casanova, Giacomo, 83, 103
Casetta Tron, 44
Casino: Sommer, 164, Winter, 27
Catecumeni, 113
Certosa, Isola della, 156
Chagall, Marc, 60
Cima da Conegliano, 108, 115, 144
Cinema, Palazzo del, 164
Cini Gesellschaft, 159
Cipriani Hotel, 159
Cipriani, Arrigo, 67
Cipriani, Guiseppe, 67
Clemens VII, Papst, 87
Clemens XIII, Papst, 32, 52
Codocci, Mauro, 27, 73, 102, 149, 155
Colleoni, Bartolomeo, 150
Contarini, Mario, 32
Cooper, James Fenimore, 43
Cornaro, Caterina, 32
Correr Museum, 70
Crivelli, Carlo, 122
Curtis-Familie, 58

Dalle Masegne-Schule (Bildhauer), 75, 82, 100, 152
Dandolo, Andrea, 79
Dandolo, Doge Enrico, 41
Dandolo, Marco, 67
Dänisches Konsulat,, 49
d'Annunzio, Gabriele, 59
Dante, Alighieri, 145
Da Ponte, Antonio, 38
Dario, Giovanni, 61
Desdemona (Disdemona), 52, 63
Dogana (Zollgebäude), 64
Dogenpalast, 82
Donatello, 101
Dürer, Albrecht, 39

Erberia, 35, 36
Ernst, Max, 60
Europa & Regina Hotel, 64
Evelyn, John, 13

Fabbriche Nuove, 36
Fabbriche Vecchie, 36
Faenza, Biagio und Pietro da, 84
Falier, Doge Marin, 12
Falier, Doge Vitale, 79
Favretto, Giacomo, 33
Fenice-Theater, 140
Ferrara, Herzöge von, 27
Ferrare, Marchesa von, 39
Feuerwehr, 107
FIAT, 53
Film-Festival, 45, 182
Fischmarkt, 34
Florians Café, 70
Flughafen (Marco Polo), 185
Fondaco del Megio, 27
  dei Tedeschi, 38
  dei Turchi, 27
Fondamenta del Vin, 40
  dell' Olio, 34
Fortuny Museum, 136
Foscari, Doge Francesco, 51, 82, 101
Foscarini, Antonio, 49
Franchetti, Baron Giorgio, 33, 57
Frari, 99, 100
Fumiano, Gian Antonio, 107

Gautier, Théophile, 66
Gefängnis (Prigione), 83
Gesuati (S. Maria Assunta), 111
Gesuiti (S. Maria del Rosario), 130
Ghetto, 126
Giardinetto Reale, 68
Giardini Pubblici, hinteres Vorsatz
Giardino Papadopoli, 92
Giorgione, 38, 41, 62, 113, 116

Giro Bank, 97
Giudecca, 158 f.
Glasbläser, 112, 160
Glas-Museum, 160
Goldoni, Carlo, 102
Goldoni-Theater, 134
Grazia, La, 156
Griechisches Konsulat, 41
Grigi, Giangiacomo, 44
Grigi, Gugliemo dei, 37
Grimani, Giovani und Pietro, 28
Grimani, Girolamo, 43
Gritti, Doge Andrea, 20, 82
Gritti Palace Hotel, 62
Guariento, 88
Guggenheim, Peggy, 60

Harrys Bar, 67, 162
Harrys Dolci, 158
Hemingway, Ernest, 9
Heinrich III, König von Frankreich, 51, 84
Hospital, 151
Howells, William Dean, 55, 155

Ikonen-Museum, 143
Israelitico Museum, 127

James, Henry, 58
Johannes XXIII, Papst, 77
Johann VIII Palaeologus, Kaiser, 26
Joseph II, Kaiser von Österreich, 36, 65

Kendall, Alan, 11
Klee, Paul, 60
Klimt, Gustav, 31
Klöppelschule, 162

Layard, Sir Austen, 46
Leo IX, Papst, 135
Leone Bianco, Hotel, 36, 43
Lepanto, Schlacht von, 89, 152
Levi, Musikstiftung, 55
Liago, 55
Liberi, Pietro, 52
Libreria Marciana, 68
Lido, 164–167
Liszt, Franz, 28
Lithgow, William, 151
Locanda Cipriani, 162
Lombardi, Bildhauerfamilie, 84, 152, 153
Longhena, Baldassare, 28, 53, 63, 100, 127
Loredan, Doge Francesco, 45

Loredan, Doge Leonardo, 27
Lotto, Lorenzo, 94, 108, 117, 153

Maddalena, 128
Madonna dell'Orto, vorderes Vorsatz
Malamocco, 6, 154
Malibran-Theater, 132
Manfrediana Gallerie, 64
Manin, Doge Ludovico, 17, 40
Mann, Thomas, 164
Mantegna, Andrea, 33, 115
Manuel Comnenus, Kaiser, 7
Maragona (Glocke), 73
Marcello, Benedetto, 29
Marciana-Bibliothek, 68
Marciana-Museum, 75
Marinemuseum, 145
Mark, Saint, 7, 74, 79
Masegne, Dalle (Bildhauer), 75, 82, 100, 152
Massari, Giorgio, 53, 56, 111, 143
Masseri, Filippo de', 121
Medici, Francesco de', 104
Memling, Hans, 115
Mendicanti, I, 151
Mestre, 154
Metternich, K.W.N.L. von, 65
Michelangelo, 38, 158
Miozzi, Eugenio, 17, 56
Misericordia, 129 (rechte Ecke)
Mocenigo, Doge Tommaso, 152
Monaco Hotel, 67
Monet, Claude, 58
Monteverdi, Claudio, 11
Morosini, Francesco, 89, 139
Morris, James, 134
Mosto, Alvise da, 36
Mulino Stucky, 158
Murano, 160
Museen
  Correr, 70
  Fortuny, 136
  Ikonen, 143
  Israelitico, 127
  Marciano, 75
  Marine, 144
  Naturgeschichte, 26

Napoleon, 7, 13, 31, 50, 57, 70, 74, 79, 159
Naturgeschichtliches Museum, 26
Negroponte, Antonio da, 147
Nicolotti-Partei, 110
Nicopeia, Madonna von, 78
Nietzsche, Friedrich, 11

Ognissanti, 108

Orfano, Canal, 156
Orologio, Torre dell', 73
Ospedaletto, 151
Othello, 52

Pala d'Oro, 78
Palazzo Ducale, 82
Pali, 24
Palladio, Andrea, 38, 68, 82, 92, 147, 158, 159
Palma Giovane, 22, 86, 88, 89, 93, 94, 101, 119, 153
Palma Vecchio, 117, 148, 149
Parthenon, 139
Paul II, Papst, 76
Pellestrina, 154
Pesaro, Doge Giovanni, 100
Pesaro, Jacopo, 100
Peter, Saint, 34
Piazza di S. Marco, 70
Piazzetta di S. Marco, 69
Picasso, 60
Pickering, Harry, 67
Pietà, 143
Piombo, Sebastiano del, 39, 132
Pippin, 6
Pisani, Chiara, 47
Polo, Marco, 132, 146
Ponte, Antonio da, 38
Ponte dell'Accademia, 56
  della Guerra, 148
  della Paglia, 83
  dei Pugni, 109
  di Rialto, 39
  dei Scalzi, 17
  dei Sospiri, 83
  delle Tette, 96
Pordenone (Giovanni Antonio Sacchiense), 44, 117
Porter, Cole, 58
Post, 38
Procuratie: Vecchie, Nuove, 70
Proust, Marcel, 66

Quadri, Café, 73
Querini-Familie, 24
Querini-Stampalia, Gallerie und Bibliothek, 148

Rangoni, Tommaso, 148
Redentore, 158
Regata, 51, 182
Rialto, 40
Rialto-Brücke, 39
Ricci, Sebastiano, 75, 129
Ridotto-Theater, 67
Rizzo, Antonio, 83, 90, 101

Roncalli, Angelo (Papst Johannes XXIII), 77
Rossi, Domenico, 30, 32
Ruskin, John, 62, 141

S. Agnese, 111
S. Angelo (ex), Theater, 47
S. Aponal, 105
SS. Apostoli, 130
S. Barnabà, 109
S. Bartolomeo, 39
S. Benedetto, 137
S. Canciano, 133
S. Cassiano, 97
S. Clemente, Insel, 156
S. Donato, 160
S. Eustachio (Stae), 30
S. Fantin, 141
S. Felice, 129
S. Fosca, 128
S. Francesco della Vigna, 147
St. George, 112
S. Geremia, 22
SS. Gervasio e Protasio (Trovaso), 110
S. Giacomo dell'Orio, 94
S. Giacomo di Rialto, 105
S. Giminiano, 70
S. Giobbe, vorderes Vorsatz
S. Giorgio, Insel, 159
S. Giorgio dei Greci, 143
S. Giorgio Maggiore, 159
S. Giovanni in Bragora, 144
S. Giovanni Crisostomo, 132
S. Giovanni Decollato (Zan Degola), 94
S. Giovanni Elemosinario, 105
S. Giovanni Evangelista, 102
S. Giovanni Nuovo, 149
SS. Giovanni e Paolo (Zanipolo), 152–153
S. Giuliano (Zulian), 148
S. Isidore, 78
S. Lazzaro degli Armeni, Insel, 156
S. Lazzaro dei Mendicanti, 151
S. Leonardo (ex), 127
S. Lio, 135
S. Lorenzo, 146
S. Luca, 134
S. Lucia, 16, 92
S. Marco, 74–81
S. Marcuola, 26
S. Maria Assunta, Kathedrale von Torcello, 162
S. Maria della Carità (ex), 57
S. Maria del Carmelo, 108
S. Maria della Fava, 135
S. Maria Formosa, 149
S. Maria Gloriosa dei Frari, 99
S. Maria Mater Domini, 96
S. Maria dei Miracoli, 133
S. Maria di Nazareth dei Scalzi, 16
S. Maria del Rosario (Gesuiti), 130
S. Maria della Salute, 63, 113, 183
S. Maria della Visitazione, 111
S. Maria Zobenigo, 139
S. Martino, 144
S. Marziale, 129
S. Michele, Insel, 155
S. Moisè, 141
S. Nicolò al Lido, 165
S. Nicolò dei Mendacoli, 124
S. Pantalon, 107
S. Pietro di Castello, hinteres Vorsatz
S. Pietro Martire, 160
S. Polo, 103
S. Rocco, 98
S. Salvatore, 134
S. Samuele, 53
S. Sebastiano, 125
S. Servolo, Insel, 156
S. Silvestro, 105
S. Simeone Grande, 93
S. Simeone Piccolo, 17, 93
S. Simon Stock, 106
S. Sofia, Traghetto, 132
S. Spirito, 112
S. Stae, 30
S. Stefano, 138
S. Tomà, 107
S. Trovaso, 110
S. Vitale (Vidal), 138
S. Zaccaria, 142
S. Zanipolo, 152–153
S. Zan Degola, 94
S. Zulian, 148
Sacca Sessola, Insel, 156
Salute, S. Maria della, 63, 113, 183
Sanmichele, Michele, 43
Sansovino, Jacopo, 10, 36, 38, 60, 68, 70, 79, 83, 84, 86, 144
Sardi, Giuseppe, 21, 108, 134
Sargent, John Singer, 58
Sarpi, Fra Paolo, 128
Scarpagnino, Antonio, 36
Scuola dei Carmini, 106
    Levantina, 127
    dei Merletti (Klöppeln), 162
    dei Morti, 21
    di S. Giorgio degli Schiavoni, 147
    S. Girolamo, 141
    di S. Marco, 151
    di S. Nicolò dei Greci (Ikonen-Museum), 143

di S. Rocco, 99
Spagnola, 127
dei Varotari, 106
Seufzerbrücke, 83
Sforza, Francesco, 54
Shakespeare, William, 52
Smith, Joseph, 35
Spinalunga, 158
Squero St. Trovaso, 110
Starantonio, Niccolò, 69
St. Nikolaus, 165
Stravinski, Igor, 155
Strohbrücke, 83

Teatro Fenice, 140
Goldoni, 134
Malibran, 132
Ridotto, 67
S. Angelo, 47
Verde, 159
Temanza, Tommaso, 128
Tetrarchen, 77
Theodore, Saint, 69
Thomas Becket, Heiliger, 105
Tiepolo, Bajamonte, 24

Tiepolo, Gian Domenico, 88, 103, 119
Tiepolo, Giovanni Battista, 17, 52, 85, 90, 119, 120, 130, 135, 137
Tintoretto, Jacopo, 26, 31, 84, 86, 87, 88, 89, 93, 97, 98, 99, 103, 105, 113, 116, 117, 118, 119, 129, 138, 159
Tizian (Tiziano Vecellio), 36, 38, 54, 64, 85, 100, 105, 113, 116, 117, 118, 122, 131, 135
Torcello, 162–163
Traghetto, 15
Tramontin, Domenico, 14
Tron, Doge Nicolò, 29
Tron, Filippo, 29

Uhrturm, 73

Van Dyck, Sir Anthony, 33
Vasari, Giorgio, 46, 116, 135
Veneziano, Paolo, 101
Venier, Doge Antonio, 152
Verde-Theater, 159
Verdi, Giuseppe, 66, 140
Veronese (Paolo Caliari), 64, 85, 86, 87, 88, 94, 103, 107, 118, 136, 152